世纪波
Century Wave

流量变现全案

全方位流量变现法则

张爱林 著

电子工业出版社

Publishing House of Electronics Industry

北京·**BEIJING**

图书在版编目（CIP）数据

流量变现全案：全方位流量变现法则 / 张爱林著 . — 北京：电子工业出版社，2020.10
ISBN 978-7-121-39087-6

Ⅰ. ①流… Ⅱ. ①张… Ⅲ. ①网络营销 Ⅳ. ① F713.365.2

中国版本图书馆 CIP 数据核字 (2020) 第 099475 号

责任编辑：刘淑丽
印　　刷：三河市华成印务有限公司
装　　订：三河市华成印务有限公司
出版发行：电子工业出版社
　　　　　北京市海淀区万寿路173信箱　　邮编100036
开　　本：720×1000　1/16　印张：13　字数：179千字
版　　次：2020年10月第1版
印　　次：2020年10月第1次印刷
定　　价：59.00元

凡所购买电子工业出版社图书有缺损问题，请向购买书店调换。若书店售缺，请与本
社发行部联系，联系及邮购电话：（010）88254888，88258888。

质量投诉请发邮件至zlts@phei.com.cn，盗版侵权举报请发邮件至dbqq@phei.com.cn。

本书咨询联系方式：（010）88254199，sjb@phei.com.cn。

前　言

天下没有难变现的流量

毫不夸张地说，在移动互联网时代，没有任何互联网企业可以抛开流量谈利益，"用户=流量=金钱"依旧是颠扑不破的真理。大到BAT这样的互联网巨头，小到短视频博主这类的个人创业者，都离不开流量。有流量，就意味着有关注度，就有了在互联网上的一席之地。可是，仅仅有流量就够了吗？

答案是否定的。对于互联网企业和个人创业者来说，流量只是敲门砖，能否将流量成功变现才是决定成败的关键。那么，什么是流量变现呢？在笔者看来，流量变现就是利用各种方式，将互联网产品的流量变成经济收益。

"流量变现"一词是近年来才兴起的，但早在"门户网站"时代，流量就已经实现了商业化。广告主们透过网站的高点击率看到了巨大的商机，以投放广告的形式推广产品，"门户网站"也因此实现了流量变现。

如今，流量变现之所以再次成为大众焦点，是因为随着互联网的发展，流量红利逐渐消散，获取流量的难度和成本不断增加。在这一前提下，我们只能再次挖掘流量的商业化特质，用更高效的流量变现来实现盈利。

想要寻求更高效的流量变现，转换流量结构是改变的第一步。于是互联网企业和个人创业者们开始将运营目标从一昧追求"流量爆发式增长"过渡到了"流量高效变现"，将流量结构的重心从数量转变到了质量。高质量的流量代表了高活跃度的用户和粉丝，只有拥有了更多高质量的流量，才能创造更多的商业价值。

在流量变现日益艰难的大环境下，互联网企业和个人创业者们也开始了流量变现方式的探索。目前市场上较为常见的变现方式有广告变现、产品变现、粉丝变现和知识变现。

广告变现就是与品牌或广告主合作，进行广告植入和广告投放，并获得收入。广告变现不仅是"网红""大V"们最主要的流量变现方式，也是众多互联网公司的重要收益来源，在爱奇艺、百度、今日头条、网易等公司的收入构成中，广告收入仍然占大头。

产品变现就是通过销售产品来变现，产品变现的获利渠道多种多样，无论是线上电商，还是将流量引入线下实体店铺，都可以卖货盈利。

粉丝变现是"网红"们利用自己的粉丝进行变现。粉丝变现有直播、代言、电商等众多形式，拥有千万流量的"网红"们只要稍加运作，就能成功实现流量变现。

知识变现是如今最火爆的变现方式之一，部分行业的专业人士和各路"达人"将自己的知识和经验打造成各种产品，如线上课程、图书、付费视频等，并将这些产品卖给粉丝，这样的变现方式就是知识变现。

以上四种变现方式本书中都有涉及，但是流量变现带给我们的想象空间远不止于此，更多的新兴流量变现方式依然有待我们发现。笔者之所以写这本书，就是希望能够为读者挖掘出更多、更全面的流量变现模式和流量变现方法。

在本书中，一共涉及了八种流量变现模式，它们分别是粉丝变现、社群变现、大数据变现、短视频变现、影响力变现、兴趣变现、知识变现、能力变现，基于这八种流量变现模式，笔者为读者朋友们介绍了流量变现的近百种方法，希望这些方法能够为那些遭遇变现困境的读者带来一些新的启发。

　　笔者希望本书能够为读者提供不同的视角，让读者从不同角度，全面地了解流量变现的现状、方法和趋势。所以，笔者将本书分为8章，每章介绍了一种流量变现模式，以及具体的变现方法。本书没有深奥的理论，只有简单易操作的方法论，以及真实的数据和案例。读者在阅读本书时，可以学习流量变现的方法，也可以了解行业大趋势。

　　有人说："天下没有难变现的流量。"的确，在这个飞速发展的时代，流量变现的方法千变万化，只要你能找到适合自己的模式，就能把流量变成真金白银。笔者希望每位创业者都能够结合自身的优势和强项，找到属于自己的流量变现之路，实现用兴趣赚钱的梦想！

目　录

第1章

粉丝变现：有"粉"就能赚钱，实现从"吸睛"到"吸金"

粉丝变现已经成为互联网时代最"古老"的一种变现方式，但是，它依然是吸金能力最强的变现方式，因为粉丝就是流量，有粉丝就能用各种方法变现。从人人网的红人到新浪、腾讯等微博的"大V"，再到直播间里的"网红"主播，一批又一批的"网红"不断诞生。每个"网红"的背后都有大批的粉丝，而粉丝也是"网红"实现经济变现的基础。无论是广告、电商、直播，还是代言，都离不开粉丝的支持。

1.1 电商变现："网红"开店，粉丝买单

2020年3月25日0时起，武汉市以外地区解除离鄂通道管控，湖北经济面临重启复苏。为助力湖北企业复工复产，"网红"主播们纷纷利用自身流量，在这次复工复产浪潮中承担着自己的一份责任。

很多"网红"积极地参与分享直播现场，多位"网红"达人与明星形成组合共同带货，从"小朱（朱广权）配琦（李佳琦）"到"谁都无法阻拦（王祖蓝）我下单（欧阳夏丹）"，再到朱迅和李梓萌直播首秀"迅萌（迅猛）下单，快来朱李（助力）"，各组合都有不俗表现，"小朱配琦"销售66万单湖北商品，带货4 000万元；朱迅梓萌3个小时直播带货8 012万元。4月12日晚，快手专场直播带货助力湖北活动累计观看人数达1.27亿。在2个小时的直播里，明星嘉宾与66位快手"达人"合计帮助湖北地区商家成交6 100万元。

在4月17日到20日斗鱼举办的"助力湖北品牌，我为湖北买买买"公益直播中，各大主播使出浑身解数为湖北带货。仅4月17日、18日两场活动，就为湖北品牌农产品带货超40万件。

这样的销量对于电商、货主来说，无疑是疫情过后的雪中送炭。

"网红"主播、明星都是自带流量的，他们参与直播卖货，销量翻着跟斗往上涨，这已经成为一种新时尚。这就是流量变现，其公式是：粉丝=流量=金钱。

为什么这么多"网红"都不约而同地选择了电商呢？这是因为，和普通人相比，"网红"做电商有着天然的优势。

1.1.1 "网红"电商成功的两大因素

"网红"电商之所以能够成功，不外乎以下两个因素。

❶ "网红"是潮流的引导者

"网红"群体大多有比较敏锐的时尚嗅觉，对穿衣打扮都比较有研究，而且有一批自己的拥趸，很容易带动潮流。可以说，"网红"这个群体天然具有潮流引导者的特质。因此，"网红"向粉丝推荐产品或品牌时，粉丝很容易接受，也乐于买单，这是普通人所不具备的优势。

当然，这一切还要取决于"网红"的粉丝群体是谁，年轻、追求潮流的粉丝更容易被带动。根据相关统计，我国"网红"粉丝的总量已经达到了6亿人，其中25岁以下的年轻人占54%。所以，"网红"对粉丝消费决策的影响力还是非常大的。

❷ "网红"开店能扩大引流渠道

现在，普通人开网店起点比较低，在没有任何等级、销量和信誉的情况下，很难获得成功，几个月甚至一年都没有一次成交的情况并不少见。

但"网红"开店就不同了，粉丝会自动转化成客流量。无论是直播间里的粉丝，还是微博或抖音上的粉丝，都可以被引流到"网红"的店铺里。而且，"网红"的粉丝具有一定黏性，转化的可能性也更大。所以，"网红"开店能很快把销量提升起来。

也许，"网红"卖的商品并不一定是每个粉丝都需要的，但是粉丝却会为了支持偶像而购买商品。"网红"电商的成功离不开粉丝的支持，而普通人是不可能有这么多忠实粉丝的，这也是"网红"开店能够成功的一个重要优势。

1.1.2　做"网红"电商的关键是提升粉丝转化率

上文中我们提到过，拥有一定数量的粉丝才能被称为"网红"。但是，不同类型的"网红"，其粉丝类型也各不相同。例如，自媒体类的"网红"靠内容取胜，他们经常在各大平台发布各种类型的内容。他们的粉丝感兴趣的是该"网红"创作的内容，对"网红"本人的兴趣不是很大。所以，当这类自媒体"网红"推荐商品时，粉丝的购买欲望通常不会很强，他们中的大多数人并不会为了支持偶像而冲动消费。

例如，拥有千万名粉丝的自媒体类"网红"papi酱，她在一次活动中向粉丝推荐了papi同款T恤，参与活动的T恤共有3款，每款限量99件，所有的T恤在开售后的36分钟内售罄。这个成绩看起来还是很不错的，但是以papi酱千万级的粉丝量，用了36分钟才售完这不到300件的限量T恤，说明papi酱粉丝的整体消费意愿并不强，转化率也是比较低的。

而电商类"网红"则不同，他们的主要活动就是引领时尚潮流，并向粉丝推荐好物，"带货"是他们的本职工作，而非衍生的变现手段。因此，电商类"网红"吸引的粉丝本身就对他们的推荐十分认同，也很支持他们的电商运营。李佳琦、薇娅等都属于电商类"网红"，他们都能够顺利地引导粉丝消费。

那么，是不是不是电商类"网红"就不能开店做电商了呢？当然不是，"网红"本身就有了一定数量的粉丝，而提升粉丝转化率才是做好"网红"电商的关键。

那么，我们应该如何提升粉丝转化率呢？下面的三大策略可以为大家提供参考。

❶ 给粉丝一个买单的理由

想让粉丝掏钱买单，就要给他们充分的理由。粉丝青睐的商品无非是性价比高的、有个性的、稀缺的、价格实惠的，只要抓住这几点，就不怕粉丝不买单（见图1-1）。

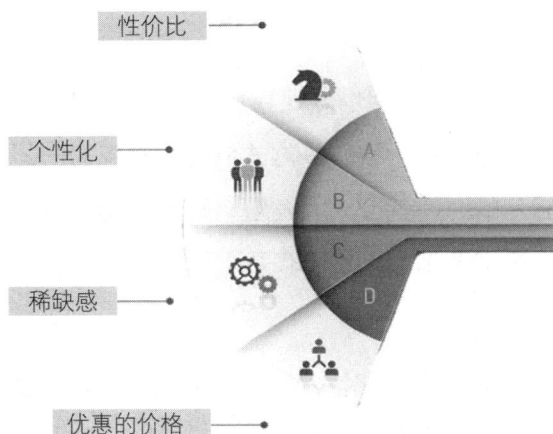

图1-1 粉丝买单的四大理由

（1）为粉丝推荐高性价比的商品。如果想要让自己的粉丝群体保持较高的转化率，"网红"就要向粉丝推荐具有较高的性价比的商品，以及对粉丝来说有价值的商品。虽然"网红"的粉丝一般都有较强的黏性，但真正无原则相信"网红"推荐的其实只有很少一部分，大部分粉丝还是要看性价比的。

其实，大部分消费者在进行消费决策时都是比较理性的。他们会通过各种途径来了解产品，并且货比三家。想要影响这些理性的消费者就必须要用优质的产品来说服他们。

有时候越是理性的消费者越容易犯"选择困难症"，如果"网红"能给予专业的建议和指导，成交的可能性就会更大。当然，这一切的前提就是产品具有较高的性价比，而且能为消费者创造价值。

（2）为粉丝提供个性化的产品。在消费升级的大背景下，人们越来越看中商品是否个性化，能不能突出自己的个人风格。所以，人们在选购商品时，会倾向于选择那些与众不同的、个性化的商品。为了迎合粉丝的这一需求，"网红"们在推荐商品时要突出个性化，避免推荐一些同质化比较严重的商品。对于店铺内的商品，可以在包装、选款和营销上下功夫，让商品更具个性。

（3）制造稀缺感。稀缺感也是让粉丝掏钱买单的一大理由，"网红"要尽量采用限量、限时抢购、秒杀等方式制造稀缺感。一旦商品具备了稀缺感，粉丝购买时思考的时间就会大大缩短，进而产生冲动消费的行为。如果产品本身很优质，饥饿营销的手段不仅不会让粉丝反感，反而能激起他们的回购热情。

（4）给粉丝一个优惠的价格。产品的价格也是影响消费决策的决定性因素，"网红"在为商品定价之前，要先调查目标客户的收入水平和购买力，确保自己的定价能被粉丝和新客户接受。

对于自己生产的商品，"网红"可以用预售的方式让粉丝先下单预订，再根据订单生产，这样可以减小库存压力，给粉丝更多优惠空间。对于代言的产品，"网红"可以向品牌商争取更大的让利空间，让粉丝能以比其他渠道更实惠的价格买到商品。

❷ 给粉丝持续消费的动力

为了提升复购率，"网红"应该了解粉丝的消费习惯和消费心理，掌握他们的消费场景和消费方式，并以此为依据调整自己的营销策略，通过各类营销活动来促进粉丝的二次消费。

除此以外，培养粉丝的忠诚度也是保证粉丝持续消费的有效手段之一。因为铁杆粉丝群体为了表达自己对偶像的支持会尽可能地购买"网红"所推荐和销售的商品。想要提升粉丝的忠诚度，"网红"首先需要了解的就是哪些人比较容易成为铁杆粉丝。

第一种比较容易成为铁杆粉丝的人群是学生，虽然学生的购买力不是很强，但是他们既没有存款压力，也没有生活和工作压力，对于自己喜欢的商品，购买起来是毫不吝啬的。而且，学生粉丝群体还有一个显著的特点，那就是容易冲动消费，所以，优惠活动很容易吸引他们消费。"网红"要给他们较大的优惠力度，让他们在自己的社交圈内为商品和店铺传播口碑。

第二种比较容易成为铁杆粉丝的群体是年轻妈妈们，她们有较强的购买力，在时间上也比较宽裕。不过，只有建立了信任感，才能获得她们的青睐。如果"网红"的目标客户是年轻妈妈，就要花时间与她们沟通和互动，积极解决她们的各种问题。只要建立了信任，她们就会主动传播商品。

对于"网红"们来说，培养一批铁杆粉丝并不是一件容易的事，但是如果能够成功，就能大大地提升复购率。而且，铁杆粉丝对"网红"个人品牌的塑造也具有十分重要的意义。

另外，"网红"还要学会挖掘粉丝的潜在需求。例如，粉丝群体以女性为主的"网红"可以根据粉丝潜在需求开发从服饰、饰品、鞋包到化妆品的一系列商品，挖掘这种相关联的商品可以有效提升利润空间，为店铺创造更大的价值。

❸从粉丝群体向外辐射，获取更多新客户

每个人背后都有各种各样的人际关系，粉丝背后的家人、朋友、同事和同学都有可能成为"网红"店铺潜在的消费者。"网红"需要做的就是通过粉丝辐射他们背后的人群，从个人影响到家庭，全面占领粉丝的钱包。

"网红"在运营店铺和粉丝社群的过程中可以多开展一些以带新为目的的活动，并分别给参加活动的新老客户一些奖励。这类活动的目的是接触新客户，增进了解，并培养信任感，当信任感达到一定程度，转化就会自然而然地产生。

对于那些对商品表现出兴趣的新客户，"网红"要积极与她们互动，每当有新产品上架或者有较大力度的优惠时，应该及时通知他们，积极促成转

化。在节日期间，也要向新客户和目标客户发送祝福，或赠送一些小礼物，以增进感情、获取信任。

电商变现是"网红"实现流量变现的最佳途径之一，而提升粉丝转化率和掌握电商运营技巧则是"网红"电商成功的关键。

1.2 广告变现：找到内容和广告的平衡点

现如今，随着互联网的不断发展，"网红"的影响力有目共睹，广告商也抓住了这个机会，与"网红"直接合作，而广告费则根据"网红"的形象、粉丝量和知名度来确定。对于"网红"来说，这种变现方式便捷而直接，收入又十分可观，因此广告变现已经成为"网红"收入的重要组成部分。

几年前，Papi酱的首支贴片广告以2 000万元的天价成交，这个消息曾轰动一时。但是对于赞助商的信息，视频内容与该品牌是否有内在联系，广告对于提升品牌知名度有多少作用，这些似乎并未受到关注。时至今日，人们印象中只留下了"网红"和"天价广告费"这几个字眼。对"网红"们来说，有了一定粉丝基础以后，接广告就成了一件顺理成章的事。可是，打广告真的是一件那么容易的事吗？

事实上，"网红"在打广告时往往会存在一些问题，如对广告的力度控制得过于严格，生怕粉丝看出来自己在打广告，以致广告并未达到营销效果；又或者广告比较生硬，影响粉丝的观感，招致反感。

而实质上广告变现是有知名度的"网红"才能参与的流量生意，想要在不招致粉丝反感的情况下确保营销效果，就必须学会打广告的正确"姿势"。

1.2.1 打广告的正确"姿势"

这是一个打广告最好的时代，也是一个最坏的时代，为什么这么说呢？

一方面，粉丝对广告越来越宽容，如果内容足够好，他们也愿意接受广告；另一方面，粉丝对内容质量的要求越来越高，生硬的广告会造成"掉粉"现象。因次，找对打广告的"姿势"非常重要，微博上一位小有名气的"网红""@nG家的猫"就十分善于打广告。

"@nG家的猫"拥有四百多万名粉丝，吐槽功力十分出色，摄影师兼音视频编辑师的身份让他在制作视频方面游刃有余。接地气的武汉普通话和夸张的表情，使他成了粉丝们心中的"活体表情包"。

不过，正经起来的"@nG家的猫"也很关注社会问题，会用自己制作的视频来传递正能量。另外，他对于如何打好广告也很有心得。

"@nG家的猫"在SOCO（速珂）锂电跨骑车广告中，把产品的特点与视频内容完美结合，衔接自然，让粉丝在看短视频的同时，不自觉地接收广告信息，从而对品牌留下深刻印象。

平时生活中，"@nG家的猫"经常遇到一些"选择困难症"粉丝向他咨询关于"选择"的问题，从这些问题中他得到了很多启示。于是他决定把"鱼与熊掌不可兼得"作为广告短片的主题，并从粉丝感兴趣的问题中又选出了"找工作""感情问题""选摄影器材""努力工作和陪伴家人之间如何取舍"等话题作为切入点，又自然而然地引"代步工具"这个话题，并点出了电瓶车行业的痛点：

"还有就是大家都知道的，我没有驾照，出门基本靠走，想找个电瓶车代步咧。但是我突然发现不烧油的电瓶车样子都长得蛮丑，如果要买辆烧油的，武汉禁摩好多年，我这儿哪能上牌照呢？不然就是上个外地牌照瞎贵……"

问题提出之后就应该去解决，于是他提出了解决方案："找不到满意的工作就踏踏实实地从底层干起；对感情问题多些耐心；摄影器材买能力范围内最贵的；想孝顺父母就多打电话。"当谈到代步工具时，"@nG家的猫"则提高声音强调：

"电动车，我就买SOCO锂电跨骑，可以上电动车牌照，便宜快捷，同时拥有公路赛般的炫酷外形，鱼与熊掌皆可兼得。"

完美地呼应了短片的主题。

除了在视频中表达产品在外观和牌照等方面满足自己的购买刚需，他还在画面中以酷炫的音乐为背景跨上了SOCO锂电跨骑车，从多个方面来展现产品的特点，如"续航""防盗""狂野"等。

"@nG家的猫"的广告在不经意中把产品与同行业中的其他产品做了明显的对比，介绍了产品的主要特点以及优势，进行了产品展示，与短视频中的叙述内容衔接得也很自然，不会打断粉丝的观看快感。

这种打广告的风格恰到好处地平衡了作品内容与广告的关系，让粉丝在看广告的同时注意到作者的创意与才华，这才是"网红"打广告的正确"姿势"。

1.2.2　巧妙植入广告的三大方法

广告主们对自媒体和"网红"的青睐有目共睹，各大社交平台和短视频平台已经成为各大品牌的主要营销阵地。但是"网红"的原创能力还相对贫乏，巨额广告预算的投入并不能确保可以获得理想的营销效果。不过，也有比较成功的例子，如上文提到的"@nG家的猫"，他已经找到了广告营销效果、内容创作与粉丝观感体验之间的平衡点，其中有很多值得我们借鉴和学习的地方。笔者总结了以下三大方法，希望能对大家有所帮助。

❶内容要贴近生活

现在人们越来越注重广告的内容和质量，吆喝式推销在视频营销中早已过时。"@nG家的猫"通过聊日常生活中遇到的各种场景，拉近了自己与粉丝之间的距离，引发共鸣，再引出SOCO锂电跨骑车的性价比以及生活实用性，让粉丝自然而然地接受了广告。

❷以内容原生广告为主、贴片广告为辅

内容原生广告的优点在于与视频内容衔接自然，不会产生违和感。"@nG家的猫"除了采用内容原生广告，还在视频末尾安排了产品抽奖，让粉丝享受福利的同时再次接收产品信息，以内容原生广告为主、贴片广告为辅，把两者的优点相结合，无形之中让粉丝接受并且喜欢上广告。

❸注重"网红"的人格魅力以及粉丝的活跃黏性

"@nG家的猫"的粉丝主要是年轻人，也就是SOCO锂电跨骑车的潜在消费者。事实上，比"@nG家的猫"粉丝多的博主还有很多，为什么品牌宣传选择了他？其实这就是"网红"个人魅力的作用，"@nG家的猫"充满正能量，单反、摄影、自拍都很精通，这与SOCO锂电跨骑车"玩出样"的品牌宣言是一致的。

"@nG家的猫"认为，优秀的广告就是把靠谱的产品与有意义的文案相结合，让粉丝获得福利，产品得到良性推广，"网红"获得与才华相对应的报酬。

1.2.3　广告植入的两大思路

"网红"做广告的最主要形式就是在内容中做植入，因为内容是"网红"表达自己思想的平台。恰到好处的广告植入，可以让粉丝在产生情感共鸣时自愿地购买产品，从而达到营销效果。

可是，并不是所有的广告植入都是有效的，有些植入就是在做"无用功"，不仅达不到营销效果，还会让粉丝产生"这个广告太硬了"的感觉。

最常见的就是在内容中出现"某某品牌董事长认为"，或者出现某个品牌的logo。这种传统广告思维，就是在粉丝面前"刷存在感"。其实粉丝一眼就能看出这是在做广告，不仅不能达到营销效果，还会招致粉丝反感。

其实，广告植入并非只能使用传统的硬广思维，因为它的缺点显而易见：过于生硬，粉丝不接受，最终还不能达到营销效果。网友们已经对以前的电视营销深恶痛绝，如果在网上继续采用这种方法，效果只会适得其反。

那么，如何在内容中植入广告才能达到理想的效果呢？以下两个思路可以帮助大家找到更多、更巧妙的广告植入方法。

❶第一个思路：以品牌为中心做内容

首先，我们可以把品牌作为整个内容的核心，其他内容都是围绕品牌展开的，品牌是"主角"，而不是被迫植入的多余部分。那么，什么程度才算合适呢？在整个内容里，如果没有品牌，这个故事就无法展开，品牌是这个故事的主线。

谷歌的广告中就有一个非常成功的例子，这个广告讲述了这样一个故事：有一对兄弟，在第二次世界大战时走散，他们的孙子孙女利用谷歌的搜索技术最终让两位老人重逢了。

故事很感人，但更重要的是通过这个故事，谷歌展示了自己的各项新搜索技术，不仅在这个过程中演示了使用方法，还通过侧面告诉大家自己的技术有多么实用和先进。这个故事的核心就是谷歌的搜索技术，如果没有这种技术，两位老人也不可能重逢，整个故事就是围绕品牌来叙述的，广告植入非常自然。

❷第二个思路：把广告作为压轴，点石成金

第一个思路的重点在于把品牌作为中心，让整个内容都来为品牌服务；第二个思路则不同，主要是把内容作为前面的铺垫，最后才是广告，起到画龙点睛的效果。

值得一提的是，虽然处于末尾的广告才是整个内容的重点，但是前面的铺垫作用也不容忽视。它是一个比较完整的故事，只是故事的主题到了末尾才会显现。二者一前一后，首尾呼应，水到渠成。

所以，适当的"反客为主"或许能获得意想不到的效果：粉丝们知道这是广告，但他们不仅接受了，还看得津津有味。大大方方地做广告比遮遮掩掩更容易让人接受，好的广告植入是不会被网友们拒绝的。重要的是它在达到营销效果的同时，弘扬了正确的价值观和正能量，让目标消费者心甘情愿地"买单"。

1.3 服务变现：用内容和服务，获得粉丝打赏

新媒体的不断发展，让很多平台都有了打赏的功能，它可以满足"网红"和粉丝互动的需求，这也是"网红"变现的一个重要途径。主播与粉丝间、原创作者与读者间、游戏玩家间都非常流行用"打赏"来进行互动，这种功能在各大微博、微信、在线阅读平台、在线直播都有了应用，已经成为一种很常见的互动方式。

首先，我们来了解一下"打赏"的概念，以便帮助新手"网红"迅速适应这一变现路径。

1.3.1　如何理解"打赏"

其实"打赏"，指的就是读者或者粉丝用网络虚拟商品，对于你创作的内容进行奖励的一种行为，在这个过程中需要付费，当然，这是基于自愿。粉丝们可以用现金在平台上购买虚拟礼物和虚拟币，然后再送给自己喜欢的"网红"，有的平台也可以直接打赏现金，如微信公众号和微博。"网红"通过与平台分成就可以实现打赏变现了。

说到打赏，大家一定都记得"唐家三少"在网络阅读平台被读者打赏了一亿起点币的事件，这位读者连续打赏了十次，总金额大概有100万元。读者打赏的理由也很简单，就是因为十分喜欢"唐家三少"的书，同时也是对他10年从不断更的感谢和鼓励。读者通过打赏的方式鼓励了作者，也拉近了彼

此之间的距离。

很久之前，在线阅读平台就已经建立了打赏机制。读者只要喜欢作者的创作，就可以通过购买平台的虚拟币来打赏作者。操作十分简单便捷，打赏得到的收入由平台和作者按事先约定的比例分成。

不久后，很多在线分享平台都开始开通打赏功能，如微博，很多用户看到一篇好文章就会打赏。使用打赏功能的用户也越来越多，因为他们可以通过打赏来表达自己对作品的喜爱，这种互动模式也越来越普遍。通常来说，实用性和文学类作品更容易获得打赏。

微信的打赏功能只能在公众号上使用，读者可以直接选择平台已经设置好的金额来进行打赏，也可以自己输入金额，通过微信支付来实现打赏。打赏完成后，公众号作者就能获得"小费"。

在直播平台，打赏功能就使用得更多了。粉丝可以在直播平台用现金购买虚拟礼物，然后在自己喜欢的主播的直播间送出礼物，这样主播就可以通过粉丝送的礼物与直播平台参与分成，从而获得收入。不过，每个直播平台的打赏道具和价格有所区别。为了更好地了解打赏道具，我们以YY直播平台为例，对打赏道具进行了分类，如表1-1所示。

表1-1　YY直播平台打赏道具兑换一览表

Y币 （1元人民 币=0.7Y币）	虚拟礼物
免费	花
0.1Y币	频道预选票、棒棒糖、"V587"、水果糖、鼓掌等
0.3Y币	啤酒、气球、你最棒、荧光棒
0.9Y币	抱抱、亲一口、我爱你、被雷了
1Y币	年度集结币

Y币 （1元人民 币 =0.7Y币）	虚拟礼物
2.5Y币	萝莉、乌鸦、歌神、姜饼人
5Y币	蓝色妖姬、泰迪熊
6.9Y币	巧克力雨、亲嘴娃娃
19.9Y币	钻戒、口红、香水、项链
199Y币	丘比特
1314Y币	豪华游轮

1.3.2 "网红"获得"打赏"的五大技巧

如何获得粉丝更多的打赏，是"网红"在互联网生存不得不面对的问题。经过总结与归纳，主要有以下技巧（见图1-2）。

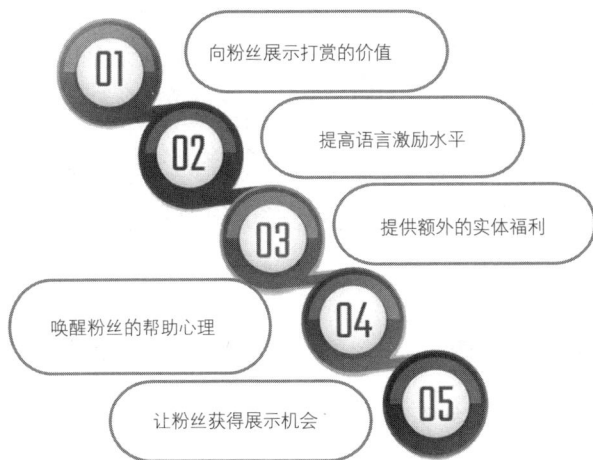

01 向粉丝展示打赏的价值

02 提高语言激励水平

03 提供额外的实体福利

04 唤醒粉丝的帮助心理

05 让粉丝获得展示机会

图1-2 获得更多打赏的五大技巧

❶向粉丝展示打赏的价值

想获得更多打赏，就要让粉丝看到自己打赏产生的价值。这里蕴含的道理是，要让粉丝觉得你非常需要他们的打赏，并且在得到他们的打赏之后，解决了你所面临的问题，让粉丝认为自己的打赏行为产生了实际的作用。

例如，有一个"网红"经常会在自己的文章里提到，粉丝的打赏让自己的公众号广告转化率得到了很大的提高，这让粉丝感受到，自己的支持对于别人来说非常重要，从而更加坚定了自己的支持行为。

❷提高语言激励水平

激励粉丝打赏其实是有很多技巧的。缺乏经验的"网红"通常会直接请求粉丝打赏，这看似是个不错的方法，因为已经传达出了自己的需求，实际上这是给粉丝出了个选择题，即打赏或者不打赏，那么对于粉丝来说，自然是不打赏更容易一些。有经验的做法是把打赏的选择题换成打赏多少的计算题，在这个时候，粉丝要思考的就是打赏的数量了，那么打赏行为已经在无意识中被默认了。

❸提供额外的实体福利

"网红"在提供虚拟服务的同时，也可以增加一些实体福利，如定期抽奖或赠送粉丝一些小礼物等。为什么要这么做呢？因为在这个过程中，粉丝付出的是打赏所要花费的金钱，但是他们获得的不仅仅是虚拟服务，实体福利会让他们觉得自己获得的东西更多，那么打赏行为就是值得的，从而激励粉丝打赏得更多。

❹唤醒粉丝的帮助心理

助人为乐几乎是人人都有的良好品质，这种帮助心理对于提高用户的打赏率非常有效。让人们意识到，他们的打赏对你来说很重要，那么他们就可能主动打赏，以此来满足自己的帮助心理，同时获得积极向上的心理体验。

用户的另一种心理是，在人们的潜意识里，某些职业的固定收入很少，需要小费来作为主要收入来源，如街头卖艺的人以及服务员，这样他们就会倾向于帮助这些"弱势人群"，从而主动打赏。

❺让粉丝获得展示机会

很多时候，主播总是会播报打赏粉丝的ID以及礼物名称和数量，同时表示感谢，这种行为的意义除了是对打赏行为本身的礼貌性感谢，更多的是对其他粉丝的激励，意在鼓励他们打赏，同时也能增加粉丝的好感，促使他们再次打赏。

不过，由于打赏的特殊性，不同类型的社交平台获得打赏的难易程度有所区别，即时互动的直播平台拥有的优势让主播更容易获得打赏，以图文分享为主的社交平台则更依赖于作品的质量。

总而言之，打赏功能的迅速普及，让打赏在"网红"变现方式中逐渐处于不可替代的位置。

1.4 才艺变现：掌握直播技巧，卖货、收礼两不误

直播是以电竞为基础发展起来的行业，并从2016年开始向移动化（手机端）和泛娱乐化的方向发展，并展现出更大的商业价值，也吸引了更多的参与者。相关数据显示，2018年，直播行业的礼物收入达到了548亿元，如此丰厚的收入让众多拥有一定粉丝流量的"网红"们也纷纷加入其中。

虽然直播是由电竞发展而来的，但娱乐类主播的吸金能力已经渐渐超过了游戏主播。2018年，歌舞、脱口秀类的直播礼物收入也比游戏直播更高。不过，游戏直播也依然有着广阔的市场，王者荣耀、绝地求生和英雄联盟这三款游戏持续火爆，观看相关直播的粉丝也依然有着相当庞大的数量。

通过上述事实，我们可以发现直播行业在2018年走势良好，依然是"网红"们重要的变现途径之一。无论是歌舞、表演、脱口秀，还是游戏解说都

属于个人才艺，只要具备相当的才艺和粉丝基础，"网红"们就可以通过直播来变现。

1.4.1 直播如何变现

直播变现的途径主要有以下三种。

❶时薪

直播平台会给主播支付时薪或月薪，薪资的水平由人气来决定。也就是说，主播的人气越高，收入也就越高。

❷礼物

观看视频的粉丝会给主播送礼物，礼物可以换算成收益。礼物收入通常由平台和主播进行分成，得到的礼物多少也和主播个人魅力有关系。一般来说，直播平台的礼物主要分为以下几类（见表1-2）。

表1-2　直播平台主要的打赏礼物分类

直播平台的礼物分类			
免费区	低价打赏区	常态打赏区	"土豪"打赏区
主要是为了活跃气氛，让不想付费的观众也能参与互动，但每天每个人使用的次数有限制	这个区域内的打赏礼物每个直播平台都设置得非常丰富，目的是吸引观众第一次打赏	当观众进行了第一次打赏，直播平台会使用各种引诱手段促使观众进行不断的打赏	这个区域主要是为了满足部分观众一掷千金的豪气

❸个人副业

主播的个人副业包括接广告、卖货等，现在副业已经成为大多数主播的重要收入来源。很多高人气主播都会在直播中植入产品，或者专门做产品推荐类直播，还有的主播干脆自己做起了电商，亲自直播卖货。

除了各大直播平台以外，还有很多平台也可以开通直播功能，快手、抖音都可以直播卖货，就连电商平台淘宝也可以直播卖货，让顾客边看边买。直播卖货的好处有三点，第一是可以直观地展示商品的细节；第二是可以直接刺激粉丝的购买欲，缩短消费决策的时间，提升消费转化率；第三是气氛活跃、活动丰富，可以有效增强粉丝的购买欲。

直播做广告的方式也很多，"网红"主播们可以用推荐、问答和植入的方式帮助品牌做推广，一次赚取广告费。而广告主们也意识到了直播的营销价值，都很愿意与"网红"主播合作。

既然，直播是重要的粉丝变现方式，能为"网红"们带来不菲的收益，那么"网红"主播们应该怎样做好一场直播呢？下面是笔者总结出的五个直播技巧，掌握了这五个技巧，我们的直播质量将大大提升，得到礼物和打赏的概率也会增加。

1.4.2　五个技巧帮助提升直播变现率

❶选择合适的开播时间

选择合适的开播时间十分重要。开播时间一旦确定，短时间内就不宜轻易更改了，因为这样不利于培养粉丝的观看习惯。那么什么时间段开播最合适呢？一般来说，新手主播开播的最佳时间段在12:00—18:00，而"网红"主播开播的最佳时间段在18:00—24:00。

新手主播和"网红"主播的开播时间必须要错开，因为粉丝会优先选择已经订阅的"网红"主播频道，然后才会选择性地观看其他主播的频道。对于没有粉丝基础、订阅量较低的新手主播来说，这种情况是很不利的，一旦他们的开播时间与"网红"主播重复，就很有可能落得无人问津的结果。

因此，新手主播一定要了解同类型大咖主播的开播时间，并尽量避开这个时间段，可以选择早上或下午等冷门的时间段开播，等吸引到足够的粉丝之后再视情况更改开播时间。

❷准备合适的歌单

合适的音乐可以帮助主播弥补很多表现上的短板，和粉丝聊天找不到话题时，可以放一首轻松欢快的歌曲来活跃气氛；需要唱歌时，可以选一首旋律明快简单的歌曲，以弥补歌唱技巧的不足并突出自己的声音特点；直播间氛围不够活跃时，也可以用一首嗨歌来带动气氛。

总而言之，一张好歌单对主播来说非常重要，不仅要符合自己的风格，还要结合时下的流行。

❸找一个好的房间管理员

房间管理员是拥有禁言权限的人，如果有粉丝在主播弹幕中发布有害信息、广告或者辱骂主播，房间管理员可以对其实施禁言。所以，主播要为自己挑选一个合适、可靠的房间管理员，这个管理员可以是身边的亲戚朋友，也可以是忠实粉丝。

一般情况下，主播会选择那些在线时间长且比较熟悉的粉丝来做房间管理员，并且要沟通好，以免发生管理员随意禁言、引起粉丝不满的情况。新手主播的粉丝较少，也没有比较熟悉的忠实粉丝，在任命房间管理员时可以采取以下两种方法（见图1-3）。

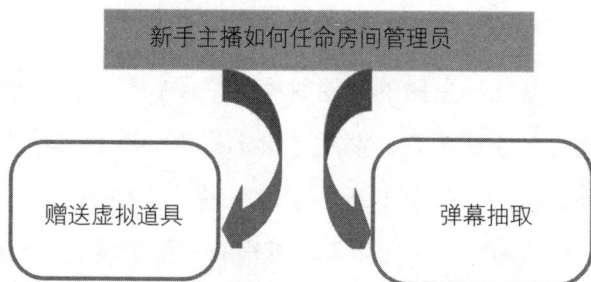

新手主播如何任命房间管理员

赠送虚拟道具　　　　弹幕抽取

图1-3　新手主播任命房间管理员的方法

以上两种方法可以提升直播间的人气，也可以培养第一批忠实粉丝，不过在采用上面两种方法任命房间管理员时，一定要在直播中说明任命规则、房间管理规则、禁言原则，并与粉丝和观众达成共识。

任命好的管理员应该加入主播的QQ群或者微信群，这样既便于主播和管理员沟通，也能让管理员帮助管理社群。对于合作时间长的房间管理员或群管理员，主播可以给予一定的报酬或赠送一些礼物。

❹争取粉丝订阅

做主播要学会"一心二用"，既要做内容直播，又要和粉丝沟通。所以，紧张和失误是正常现象。观看直播的粉丝一般都会对主播比较宽容，小小的失误在他们看来不仅无伤大雅，而且能体现主播"接地气"的一面。观众最讨厌的主播，不是爱犯错的，也不是容易紧张的，而是不互动的。

网络直播的精髓就在于互动。如果主播不互动，观众也不发言，就会陷入冷场状态。所以，主播要尽量找话题。可以询问观众对直播的看法和意见，征询他们想看的内容。这么做，一来可以提升主播的直播水平，二来可以拉近与观众的距离，争取更多的订阅。

主播还要学会活用各种工具，如弹幕点歌插件，这个小工具可以让观众点播歌曲，带动直播间的气氛。新手主播要主动向观众推荐自己的频道，介绍直播时间和内容，引导他们订阅。

❺包装自己的形象

明星会包装自己的形象，为自己立一个"人设"，"网红"主播也同样如此，很多有名的主播都有自己的独特口头禅和调动气氛的绝招。例如，提起"SOL君"，大家自然就会想起他的"元气弹"和《热烈的决斗者》，而"风行云"的口头禅"瓦不信"和"瓦不服"更是被粉丝所熟知。这些口头禅和搞笑绝招能够产生源源不断的话题，也能够拼凑成人们对主播的印象。

直播变现的成功与否，关乎主播的个人魅力、才艺和实力，想要通过直播变现，"网红"们就要提升自己的能力，放大自己的优势。此外，找到变现的具体渠道也十分重要，无论是卖货、接广告，还是收"礼物"，都要精心规划、用心经营，才能达到目的。

1.5 名利变现：影视与代言，名气与实力相辅相成

"网红"还可以利用自己的名气进行名利变现。名利变现主要有两种形式，一种是进入影视行业，成为明星；还有一种方式是为产品代言。要用这两种方式变现，"网红"必须具有相当的才艺和名气。

1.5.1 "网红"变明星：天赋+努力+机遇+平台

如今，很多短视频App火爆了起来。通过抖音、快手等短视频平台靠一技之长快速蹿红成为"网红"已经为大众所接受。但在信息时代，"网红"不断涌现，"后浪"很快就把"前浪"拍在了沙滩上，因此作为"网红"也需要寻找出路。他们中的很多人都通过转型当演员，达到了在演艺界站稳脚跟的目的。当演员可以接触更多资源，提高自己的技能，丰富自己的作品。

比如刘宇宁，就是一个通过颜值和歌声在视频App中火起来的"网红"。刘宇宁在《使徒行者2：谍影行动》中参演了一个角色，说明他已经认识到单纯走"网红"路线可能不能走得更远。此外，他还参加了很多综艺节目，比如《快乐大本营》《我是歌手》《我们的师父》。现在的刘宇宁应该已经成功从"网红"转型为明星了。

再比如宋伊人，曾经因为拍摄"致青春"微博系列校服照而被网友熟知，还被网友称为"校服女神"。之后她转型做演员，凭借穿越爱情电影《新步步惊心》步入演艺圈，之后影视作品不断，如《最美不过初相见》《六弄咖啡馆》《女娲成长日记》《美容针》《将夜》《看见味道的你》《全世界最好的你》《我凭本事单身》等。随着时间的推移，她的演技不断

成熟，也算"网红"转型明星的成功案例。

　　"网红"要走上演艺之路，除了依靠天赋、努力和机遇，还要找到合适的机构和平台，只有依靠平台才能获得更好的资源和包装。当然，平台只能决定一个"网红"的起点，最终能走多远，还是要靠"网红"自己的努力。很多"网红"都是靠一技之长走红的，比如唱歌或像开酒瓶这样的小技巧，但这样单一的表演想长久太难，更何况山外有山，很快就会有更好的表演在网络上走红。所以"网红"想一直红下去或想转型做演员，需要提高自身的综合素质，不能指望只靠单一技能就能走遍天下无敌手。

　　当然，能成为明星的"网红"毕竟只是少数，对很多小"网红"来说，与其做不切实际的明星梦，还不如多争取一些产品代言和推广。毕竟对"网红"来说，把自己的名气通过正规的渠道变现才是硬道理。

1.5.2　"网红"代言：名气变现的主要途径

　　说到"网红"代言，大家首先想到的一定是被誉为"抖音一哥"和"口红一哥"的李佳琦，他推荐的口红和彩妆、护肤产品基本上都可以卖到断货，很多品牌都看中他的名气和影响力，纷纷请他为自己的产品做推广。2019年，李佳琦成为重量级品牌"屈臣氏"的代言人，这位代言人刚一上任就掀起了一波新的"断货潮"，让人不得不感叹他的带货能力。

　　著名的豆瓣女神晚晚也堪称"网红"中的成功典范。从2007年开始，晚晚就在豆瓣上分享自己的生活，发表一些有趣的文章，受到不少粉丝的喜爱。逐渐地，晚晚开始涉足艺术领域，慢慢从一名"网红"变成了艺术家。如今的晚晚还当上了"迪奥香氛大使"，她通过各种代言和商业活动，把自己的名气成功变现了。

　　很多人可能会说，我既没有李佳琦的带货能力，也没有晚晚的才情，没有办法为这么多大牌代言。的确如此，头部"网红"的粉丝量是一般中部和尾部"网红"所无法比拟的，影响力也不可同日而语。那么，一般的中部和尾部"网红"要怎样通过代言来变现呢?下面的四种途径可以供大家参考。

❶网络直播

网络直播是时下投入产出比最高的推广代言方法,有成本低、效果好的特点。"网红"可以通过直播来向粉丝介绍自己代言的产品,也可以在直播中直接穿戴和使用产品,粉丝可以通过直播直观地感受产品的好坏。在上一节中,我们已经详细地讲了直播相关的内容,这里就不再赘述了。

❷微博/朋友圈图文营销

图文宣传就是通过图片和义字向粉丝推荐产品,或者在内容中做植入,这种方法简单直接。一般来说,当"网红"有了一定的粉丝量以后,广告主或商家就会主动寻求合作,"网红"就要根据广告主的要求做出相应的图文内容。这种推广代言的方法非常精准,因为与商家和广告主合作的一般都是垂直领域内的"网红"。"网红"在接到这样的推广和代言时,要把产品和自己的内容进行结合,从而写出精彩的广告软文。

❸短视频推广

抖音上的很多短视频"达人",都拍过广告代言类的短视频,也取得了很好的效果。短视频是近几年来最受欢迎的内容形式,也是各大商家和广告主最喜欢的推广方式之一,他们在选择"网红"代言人时,也会有意识地选择短视频类的"网红",很多短视频类的"网红"都代言了相关产品。

❹产品发布/体验

很多"网红"都以"体验官""推荐官"的形式代言产品,他们通过使用产品分享心得的方式宣传产品。有的"网红"会通过开箱视频、使用反馈、试用报告等方式来推广产品,而商家和品牌也会以邀请"网红"参加产品发布会的形式来扩大影响。

　　总而言之，"网红"实现名利变现的方式有很多，影视和代言是其中最主要的两种方式，但这两种变现方式对"网红"的粉丝数量和影响力都有一定的要求。

第2章

社群变现：分享经济时代，让你成为社群卖货高手

分享经济时代，社群把人群按兴趣、习惯、价值观、消费偏好等属性进行了分类。这样的分类意味着我们能够把目标客户聚集起来，精准地找到目标市场，因此社群的商业价值也就不言而喻了。可以说，建立社群是改变个人命运和企业命运的重要途径。那么，我们应该如何构建赚钱的社群呢？只要弄清社群分类，掌握社群框架的搭建方法，学会打造社群生态，找到适合的社群变现模式，你就能成为社群卖货高手。

2.1 社群变现，不可或缺的流量变现方式

社群，并不是一个新鲜的概念，毕竟QQ群、微信群、豆瓣小组等网络社群早已经为人们所熟知，但是社群作为一种商业模式却是近几年的事情，尤其是进入移动互联网时代以后，社群经济更是成为创业者们争相追逐的商业模式。

社群的火爆和微信、QQ等即时通信技术的发展是分不开的，这些把人与人连接起来的沟通工具不仅直接催生了社群经济，也为它的发展提供了"土壤"。微信和QQ等工具本身就拥有海量的用户流量，在流量红利依然丰厚的大背景下，社群经济的萌芽和发展也就成为一种必然。

另外，传统流量运营模式的效率和成本日益低下，再加上互联网巨头们对流量的瓜分，使创业者们纷纷把目光投向了下沉市场，社群也因此成为备受关注的新流量洼地。在笔者看来，社群为流量运营赋予了新场景和新能量，在社群经济的模式下，用户的轨迹不再是"单向箭头"，而是形成了回路。这是因为社群中的人际关系让商业行为具备了信任的力量，当获得用户和顾客的信任以后，社群经济就能顺利进入良性循环。

社群经济的模式会越来越普遍，而且成本会越来越低，因此，社群已经成为流量变现的前沿阵地。

很多人对社群的理解都是似是而非的，还有些人把它简单地理解为QQ群或微信群。这种理解没有错，但并不全面。想要真正理解社群的含义，必须

从多个层面出发。

2.1.1　什么是社群

社群的含义不是简单一两句话就能概括的，我们要从以下三个层面去理解社群的含义。

❶社交层面

经营社群就是经营人与人的关系，特别是要建立信任关系。一个社群必须要让成员产生归属感，从某种意义上来说，一个家庭、一家公司、一个国家都可以说是一个社群。因为，无论是家庭、公司，还是国家，都能让人们产生强烈的归属感。

社群能够把人聚集在一起，是基于相同的价值观和同样的认知。只有具有相同价值观、共同兴趣爱好，以及在认知上高度相同的人，才能形成一个社群。所以，社群最大的价值就是链接，它不仅可以链接人与人，还能链接人与产品、人与品牌。

所以，我们不能把社群看作一个简单的微信群或QQ群，而是要深入人际关系塑造和客户关系管理的层面去看待社群，不具备一定管理能力的人是做不好社群的。

❷工具层面

很多人都把社群等同于微信群，这是不准确的。因为社群的形态有很多种，微信群只是其中一种。微博群、豆瓣小组、论坛、线下社团都是社群的不同表现形式。实际上，社群是一个集客户管理、销售、营销等功能于一体的工具。

现在的创业者想要让项目盈利，必须要借助两大"利器"。一个"利器"叫作新媒体，新媒体在营销方面的作用自不必说，相信大家都很了解。另一个"利器"就是社群，社群可以把现有客户和目标客户聚集在一起，还可以增强客户黏性或者直接形成转化。

而且，社群也是产品销售的重要渠道，很多爆款产品的引爆都是在社群中发生的，还有一些品牌也是从社群中开始传播的。总而言之，我们要把社群当作一个重要的营销和转化工具，并充分利用和挖掘它的价值。

❸客户关系层面

从客户关系层面来看，社群有三大作用。第一个作用是维护关系，相信大家都听过一句话："真正的销售是从成交那一刻开始的。"由此可见，成交以后的后续服务对企业和商家来说是相当重要的。如果后续服务做得好，一来可以提升客户复购率，二来可以获得口碑，并招徕新客户。而建立客户群则是一种高效率、低成本的客户维护方式，我们可以通过社群解答客户疑问、挖掘客户需求，以及吸收新的目标客户。

第二个作用是聚集种子用户。产品上线初期所积累的客户通常被称为种子用户，这类用户往往是最忠实、黏性最高的客户。我们可以利用社群工具积累种子用户，如建立产品内测群或者发烧友群，著名的小米论坛最开始就是一个种子用户聚集地。

第三个作用是帮助企业和品牌应对公关危机。在互联网时代，经营生意的机遇虽然越来越多，但风险也与日俱增。因为信息的透明化、对等化让客户不再处于弱势地位，他们可以随时通过自己的社交媒体发布不利于品牌和产品的信息，竞争对手也会利用网络"水军"来制造负面舆论。因此，企业要随时做好应对公关危机的准备。

利用社群应对公关危机有很明显的优势。首先，社群的互动方式是交互式的，出现问题可以直接与客户交流，十分方便。其次，可以在第一时间收到客户的反馈，并及时解决问题或者为客户提供帮助。

以上就是社群的几层含义。通过分析和探究社群的含义，我们能够对社群有一个更加清晰和全面的认识，在构建社群、运营社群时就会更加有目的性和针对性。

2.1.2　社群的七大类型

了解了社群的含义以后，我们来看看目前有哪几种比较典型的社群类型。笔者简单总结了一下，把目前的社群分为了以下七大类：产品型、学习型、服务型、链接型、价值观型、兴趣型和水军型（见图2-1）。

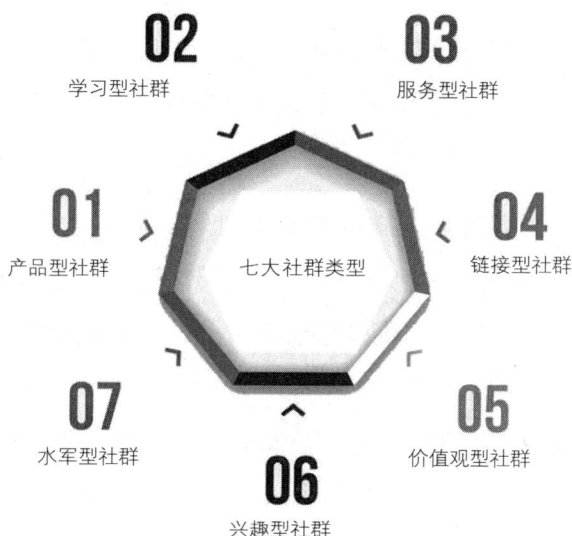

02 学习型社群

03 服务型社群

01 产品型社群

七大社群类型

04 链接型社群

07 水军型社群

05 价值观型社群

06 兴趣型社群

图2-1　七大社群类型

关于社群的分类没有绝对的标准，因为社群的形态丰富多样，一个社群可能既是产品型又是学习型，任何一个社群都可能有多种属性。在对社群做分类时，笔者是根据其中最突出的属性来划分的。下面我们来看看这七大类型的社群分别有什么特点。

❶产品型社群

产品型社群就是以产品为核心的社群。例如，酣客公社就是一个非常典型的产品型社群，它以酒文化为核心定位，汇聚了一大批爱好白酒的中年企业家。该社群除了探讨和研究酒文化，还经常在全国各地举办活动，并在线上线下同时销售白酒产品。

酣客公社2014年成立于广州，创始人是王为，目前由酣客酒业（广州）有限公司管理运营。从创立之初，社群的运营者就提出了"从工厂（Factory）、粉丝（Fans）到客户（Customer）"的FFC模式，并利用这套理论把社群变成了产品的销售渠道。

❷学习型社群

学习型社群是以分享、交流和学习为目的而组建的社群，社群成员聚集在一起就某个课题进行研究和学习。这类社群往往带有培训、交流和咨询的功能。

有一个很有名的学习型社群叫"碳9学社"，它是一个以创业者为主要成员的学习型社群。社群的名字"碳9"谐音"探究"，意为探究型的学习模式。"碳9学社"一直致力于促进创业者成长，通过课程和交流学习让社群成员获得知识，同时也构建了创业者之间的深度人际关系。市面上的各种培训社群，也属于学习型社群，在社群里做教育培训类似于开设一个线上培训班。

❸服务型社群

服务型社群就是为成员们提供具体服务的社群。例如，"M.E闺蜜社群"就是一个服务型社群，它把有相同需求和爱好的年轻女性聚在一起，为她们提供花艺课程、茶艺课程、红酒品鉴课程、瑜伽健身课程、瘦身美容服务、情感咨询和女性创业指导等服务和活动。"M.E闺蜜社群"汇聚了一大批有很强消费能力的现代都市女性，也帮助很多新媒体机构提升了传播量。

❹链接型社群

链接型社群本质上就是把某一类目标用户链接在一起的社群。"K友汇"就是一个很典型的链接型社群，它的主要功能是人脉链接和资源整合，也就是在人与人、人与资源之间发挥链接的作用。"K友汇"的运营模式决定了它不在乎社群本身有没有转化和变现，只关注能否快速扩张，并最大限度地扩大人脉资源。所以，链接型社群一般不直接提供变现，它只提供变现的方向和渠道。

链接型社群通常也是资源型社群，如"黑马会"，它把创业者和企业家整合后，成为一个圈子，进行资源共享。

❺价值观型社群

价值观型社群就是利用正能量活动聚集用户的一种新型社群。这种社群规模往往非常大，它可以帮助社群成员养成好习惯、培养正面的价值观，传播的也是正能量。具有相同价值观的人通过社群聚集在一起，会形成一股非常大的凝聚力，所以价值观型社群的成员数量多而且稳定，目前属于主流社群。

❻兴趣型社群

兴趣型社群就是由有相同兴趣爱好的人所组成的社群，如吃喝玩乐群、动漫爱好者群、追星群等，这类社群往往比较封闭，功能性也非常强，能解决社群成员们特定方面的需求。

❼水军型社群

最后一类社群是水军型的。熟悉互联网的读者一定知道"水军"的意思，"水军"又名"网络枪手"，是一群在网络上针对特定对象发布特定信息的人，这类人通常是被雇用的。水军型社群一般活跃在各大电商网站、论坛和各大社交网络平台中。他们会伪装成普通网民或消费者，通过发布、回复和传播特定内容等行为对一般用户产生影响。

以上这七种类型的社群是目前比较常见的社群种类。社群的类型是由其功能决定的，如做电商、卖产品的就属于产品型社群，提供咨询服务的就属于服务型社群。

2.1.3　社群的价值在哪里

社群对于运营者和参与者都有十分重要的价值，其中最重要的价值点共有六个，社群经济就是基于这六个价值点萌发的，下面我们来一一分析这些价值点。

❶拓展人脉

在商业社会中，人脉的作用是非常重要的，强大的人脉能为我们带来机遇和资源，而社群正是拓展人脉的最佳渠道之一。一个社群里往往藏龙卧虎，有大量高手存在，只要我们善于挖掘，就能建立自己的人脉，也许我们可以从社群中找到投资人、合伙人或优秀的管理者。当然，我们在挖掘人脉时，也要为别人提供价值，因为人脉的建立不是单方面的，需要双方共同作用。

❷获得学习和成长

在社群中，我们还有机会获得学习和成长。有的社群中有很多"大咖"，通过与他们的互动，我们可以学到很多。还有些社群会定期开设课程或培训，我们能从中学到很多干货，优质的社群中还会有人分享一手信息。所以，好的社群能为成员提供价值，也值得运营者和成员们共同维护。

❸做产品测试

社群还有一个重要作用，那就是做产品测试。我们可以通过社群把一部分目标用户聚集起来做产品测试，社群的强大互动功能可以帮我们及时收到客户的实时反馈，我们也可以根据反馈及时对产品做出优化和调整。在产品上线之前和更新迭代阶段，我们都可以通过社群来做产品测试。

❹维护客户关系

利用社群维护客户关系的成本比较低，有任何问题都可以直接沟通和解决。而且，社群还能带来拓客和潜在的转化。

❺寻找优质项目

如果你是一个投资人，那么你一定想找到优质的、有潜力的好项目。社群就是一个寻找优质项目的好渠道。经过长时间的互动后，我们能够了解社群成员手中有什么资源，有哪些好的项目或资源，而且社群成员之间彼此信任，获得好项目的概率也更大一些。

有的链接型社群中还有很多优秀的创业者，他们手中有好项目，也有好的商业模式，就是没有资金。为这些优秀的创业者投资，也是投资人的好选择。

❻寻找资金

投资人可以通过社群寻找优质项目，项目的创始人也可以通过社群来找投资。资金与好项目其实是互相吸引的，而社群恰恰是二者强强联合的一个重要渠道。

以上就是社群的六大价值点，想要依靠社群变现，就要把握这六个价值点。哪怕社群再小，也有它的独特价值，无论是一个微信群，还是一个小小的线下同好会，运营者都要充分发掘它的价值，并学会传播和利用价值，这才是社群变现的关键所在。

2.2 构建赚钱社群，只需五大步骤

如今，几乎每个行业都建立了自己的社群，这也成为一种大趋势。然而，社群建立后由于缺乏管理和运营，除了在刚开始比较活跃，过了不久热

度就渐渐冷却，有的甚至沦为广告群，这也就无法达到最初建群的目的。那么，社群应该如何创建与运营呢？主要包括以下五个方面的内容。

2.2.1　精准定位社群成员

一个群体因为同一个目标暂时抛弃个体的想法聚集在一起，就组成了社群。如果想要达到这个目标，首先社群成员对这个目标的认知必须是明确清晰的，那么我们就应该对这个社群进行一个精准的定位，让成员可以通过社群的目标来获得某种东西，如精神上的慰藉或物质利益等。只有让社群成员与这个社群建立紧密的联系，社群才能生存下去。

在定位之前，我们还应该做好相关准备。

首先，我们应该找到社群的目标成员，对于这部分人的定位必须精准。如果他们没有达到标准，即使组建成一个社群，也不能发挥出应有的作用。

其次，我们要充分了解用户的需求是什么。例如，教育培训机构组建的考试群把考生聚集在一起，那么对于考生的需求就应该了如指掌，如他们在学习过程中需要什么资料，有没有好的学习方法，具体的练习题应该如何分析等。

最后，对自身的管理运营进行定位。对于自己是否有精力做好管理运营，能否带领成员实现社群目标，对于社群成员的许诺能否兑现等，要有一个清晰的认知。

做好相关准备工作后，通常我们就会采用垂直定位的方式来确定社群的性质，这种定位的要点是：在精而不在多。基于某一垂直领域的社群，能够让社群成员在后期产生更多的归属感。

2.2.2　搭建社群框架

确定了目标成员后，我们就应该构建社群的组织框架，主要包括群主、管理员、运营主管、内容运营、群成员等（见图2-2）。

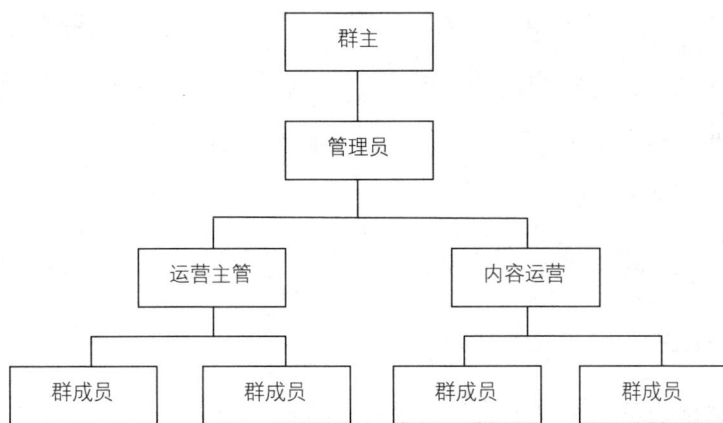

图2-2 社群成员

❶群主

群主的职责包括：

（1）制定社群规则，根据社群规则来维护社群的基本秩序，包括踢出散布与社群无关的内容的群成员和长期不活跃的群成员。

（2）社群维护，组织每周或每月的线上和线下活动。

❷管理员

管理员主要由社交电商的区域合伙人担任，比较常见的就是实体店的老板、创业者，一般负责：

（1）整合当地资源，与相关行业的实体店合作，举行线下产品体验会，之后根据后台绩效考核数据从代理区域的合作人中吸收新鲜血液。

（2）协助群主，帮助群主组织群内活动和线下活动。

❸运营主管

如果社群涉及销售活动或电商业务，就要设运营主管一职，运营主管可以由社交电商后台平台技术人员担任。职责包括：

（1）构思每天的社群传播内容，按时分享到社群供成员阅读。

（2）通过智能商务系统整理和计算数据，把结果分享给各个合作伙伴以便制订生产计划，根据利润贡献值把每周结算的利润分配给各个利益相关人。

（3）在线解答问题，以及协助管理员、群成员工作。

❹内容运营

内容运营的主要职责是直播、制作图文和小视频，并且分享到社群和各个自媒体平台。

❺普通社群成员

普通社群成员是社群中最重要的人员，主要负责分享群内有价值的信息、传播社群的价值、宣传社群的品牌和产品。普通社群成员不仅是社群管理层服务的对象，也是社群拉新、吸粉的重要力量。

社群是分享经济时代最基本的组织形式，因此像公司一样也需要运营，需要组织架构。

2.2.3　完善社群制度

构建好社群的框架结构后我们就要着手完善社群的各项制度了。首先我们需要制定一个完善的群制度。好的社群制度，是保证社群良性活跃的关键。一般来说，社群制度包括以下三个方面。

❶制定群内日常交流规则

完善的日常交流规则，可以帮助提高社群管理效率，降低管理难度，还能避免争执和纠纷，因此制定一套完整的社群日常交流规则是十分有必要的。下面列举了六条比较常用的规则供大家参考：

（1）在成员刚入群时全体禁言，到周五时开放发言，这样可以有效避免平时的无意义聊天，营造良好的学习氛围。

（2）在平时交流遇到问题时，可以自己先尝试思考和解决问题，如果不能解决，再向其他成员求助，群成员并没有义务帮你解决问题。

（3）未经群主许可禁止发布任何广告。

（4）学会聆听他人的意见，其他成员没有表达完自己的观点时，不要插话刷屏，或者故意打断其发言。

（5）倡导大家踊跃发言，但质疑别人的意见时必须要有自己的理由，不得进行人身攻击或恶意捣乱。

（6）每次发言不得少于10个字。

如果群成员能够坚守这些规则，社群的发言质量会大大提高。

❷制定入群规则

入群的方式包含以下五种，我们可以根据自己的需求来灵活选择。

（1）邀请入群。邀请制的入群规则，指的是只有群主邀请了才能进群。这样的入群方式可以有效保证成员的质量，比较适合小型的优质社群。

（2）任务入群。这种入群方式指的是需要完成一定的任务才能入群，比较常见的方式就是朋友圈集赞然后截图。任务越复杂，越能保证群成员的质量。因为复杂的任务往往能证明一个人想要入群的决心。

（3）付费入群。付费入群常见的就是买资料进群、买会员进群等。与任务进群类似，付费的金额越高，群的质量越高，因为群成员愿意为了这个群付出较高的费用，说明他很看重这个群，所以入群付费的金额与群的质量是成正比的。

一个人所支付的费用越高，那么群成员的质量就越高，群的质量也就越高。最常见的就是付费培训群、考试群等。

（4）申请入群。申请入群是指需要填写申请，经由群审核人员审核才能进群的方式。

（5）推荐入群。推荐入群是指由群成员推荐才能入群的方式，不过，每个群成员的推荐受次数限制，这样才能保证群的质量。

❸引导社群成员了解规则

制定好规则并不能解决问题，重要的是每个群成员都能注意到这些规则，从而减少一些不必要的矛盾和问题。因此，采用合适的方式方法引导群成员了解群规则是社群运营必不可少的一步。

比较常见的方式包括进群之前要求仔细阅读群说明、进群后的群通知、群公告等。个别有问题的成员，可以单独沟通来确保群秩序，还可以通过平时的推送来让他们进一步了解社群的主要作用。

事实上，引导成员了解群规则的方式还有很多，如"红包雨"、修改群名、入群前的必读手册等。而这样做的最终目的就是，让成员了解这些规则。这样就能在运营时减少很多不必要的麻烦，节省精力。刚入群和活动开始前是群成员注意力最集中的时候，此时就是通知重要消息的最佳时机，那么就可以增加一些其他活动的信息。

2.2.4　塑造社群的价值

失败的社群营销给我们的启示是：社群营销必须在塑造价值、输出价值、服务品质上下功夫，尤其是价值输出，这是社群营销的核心环节。

社群的价值包含信息和能量两个层面。

在信息层面，运营主管可以针对群成员的需求，在群里发布一些包括但不限于本行业的课程或资源，做适当外延，但是发布的东西一定要有价值。与此同时，也不能忽略一些群成员的宣传需求，可以在发广告的格式、数量、具体时间上做出限制，这样既满足了成员的宣传需求，又不会打扰到其他的群成员。

能量层面的价值塑造主要是通过引领正确的价值观、传递正能量，让群成员得到情感上的共鸣，激励出他们积极乐观的生活态度，从而提升成员能量层面的价值。如放生、捐款等活动，在让群成员共同参与活动的同时，也能获得心理上的满足。

社群价值的输出方式并不是单一的，包括但不限于社群微课、社群训练营、社群活动、统一的社群形象等。

2.2.5　让社群规模化

社群发展初期，小社群里每个成员的存在感会明显增强。而到了社群发展的中后期，因为情感归宿和价值认同是社群的核心，那么规模越大的社群，越容易出现情感分裂。所以，我们在社群规模化复制的时候应该考虑到两个问题：

第一，是否真的有必要通过复制而扩大社群规模？

第二，是否真的有能力维护大规模的社群？

让社群规模化，需要从社群的垂直领域、社群的发展阶段，以及社群运营成本等方面来综合考虑。

以上就是构建社群的五大步骤，这五大步骤都非常关键，无论哪一方面存在缺失，都会造成社群先天不足，后期的运营和变现也会遭遇阻碍。

2.3　打造社群生态，保持活跃度

社群的作用在于把人与人，以及人与物链接起来，从而拓展营销和服务的深度，同时也增强了品牌的影响力和用户的忠实度，为企业的进一步发展增添了新的动力。但是社群的特性决定了它必须长期存在，这样就会形成自己的生态模式。

那么社群要怎么做才可以长期生存下去呢？答案是打造和谐而活跃的社群生态。为了打造社群生态，我们首先要了解社群中一般有哪些角色。

2.3.1　两大社群结构

下面，以兴趣型或学习型社群为例，分析社群中普遍存在的角色，这些角色是构成不同类型的生态模式的关键要素。社群中一般有以下六种角色（见表2-1）。

表2-1　社群里存在的六种角色

群角色	说明
组织者	负责社群的日常管理维护，也是社群的活跃分子
思考者	社群里的灵魂人物，在圈子里拥有威信或影响力的人
清谈者	能够轻松自如接受大家的"调戏"，让社群变得活跃和有气氛的人
求教者	在社群里提出自己的各种困惑希望得到帮助的人
围观者	习惯"潜水"、偶尔插一句话、很快又消失的人
挑战者	加入一个社群后往往对社群的管理方式，或者交流内容公开提出不满意的人

把这些角色进行不同形式的组合，可以产生两种社群结构：环形结构和金字塔结构。

❶环形结构

环形结构（见图2-3）里的角色可以通过交流产生变化和影响。在社群中，这些角色的数量是不固定的，但是灵魂人物却是必不可少的。这个灵魂人物可能同时拥有多个身份，如组织者、思考者、清谈者等。一个社群里的灵魂人物越多，这个社群的生命力就会越强，所产生的思维"火花"也就越多。

图2-3 环形结构

活跃分子对于社交群来说十分重要，虽然清谈者并不能提供一些有深度的内容，但是他们拥有很多信息来源，在活跃气氛的同时可以给思考者一些启发，一些围观者也可能会加入话题，从而促使大家踊跃发言，得到有意义的内容。

除此之外，清谈者幽默的个性和包容的心态往往能够接受调侃、活跃气氛，让社交群不至于单调无聊。

求教者有时可以给思考者带来好的切入点来展开话题，但是如果缺乏沟通技巧，加之问题过于幼稚，反而会给思考者带来负担。

一方面，如果此时思考者在回答时没有顾及求教者的感受，求教者就会认为自己的个人尊严没有得到应有的尊重，很有可能会转变为挑战者，导致被迫出局。另一方面，如果求教者得到了满意的回答，他就会自觉承担组织者的职责，积极参与社群的日常管理和维护，成为群里的活跃分子。

正是由于环形结构的这种可以转换身份的特点，导致群规的设置存在很多弹性空间，这往往不利于群规的执行。

❷金字塔结构

金字塔结构（见图2-4）与环形结构有很大的区别。其主要结构是，一个高影响力的人物发展一些组织者来协助管理群，群成员则是来学习的，其主要目标就是这个高影响力的人物。因此这种群的组织结构是严格按照等级划分的，群规也非常严格，这样才能保证高影响力人物进行有效的信息沟通。

图2-4　金字塔结构

这种学习群最可能采用的运营模式就是高影响力人物定期分享相关学习内容，组织者负责管理和维护社群的日常秩序。

虽然这两种结构有很大的区别，但无论是哪一种结构，群规都是不可或缺的。总有群成员会或多或少地触犯群规，如果社群组织者不能运用合理的沟通技巧处理好这种情况，其他观望的群成员会以退群的方式来表达自己的态度，这就不利于社群的持续生存。

2.3.2　运营核心用户

事实上，做社群运营的第一步就是先运营核心用户，然后再让核心用户引领普通用户成为核心用户。运营核心用户，应该做到以下几点。

❶保证核心用户最基本的活跃程度

核心用户其实就是活跃分子，运营好活跃分子可以让社群正常运转，从而发挥社群的作用。

❷保证可以直接对接核心用户获得反馈

有人说，运营人员是连接用户和产品的桥梁，他们是最了解用户需求的人。因此，运营的作用在于，随时了解用户的需求变化，以便帮助团队不断完善产品，使其更加贴近用户的要求。此外，也可以通过社群来了解用户信息，获得反馈。

而核心用户是产品的体验者和忠实粉丝，他们所反馈的信息很有可能是产品目前存在的不足甚至缺陷，保证核心用户的活跃程度才能让运营获得更多有用的信息。

❸核心用户可以协助运营人员的工作

运营工作较为繁杂，如果运营人员制订好了目标和计划，可以将其中的一部分交给核心用户来完成。这样不仅有了更多的创意来源，减轻了运营人员的工作量，还能增加核心用户对社群和产品的忠诚度。

❹核心用户可以帮助打造品牌口碑

核心用户认可产品，才会成为付费用户和粉丝，因此，他们在生活中可能会不经意地传播产品，从而达到宣传效果。下面是一段真实的对话：

甲：你的手机是什么牌子啊？看着屏幕挺大的。

乙：××（某品牌名称），不行，看着屏幕大，拍照一点也不清晰。

甲：那你换一个啊，我这个虽然屏幕没你的大，但拍照是真的好使。

乙：那你用的是哪个牌子的？我想试试。

甲：××（另一品牌名称）。

就这样，核心用户在不知不觉中扩大了品牌的影响力。

如果品牌遭遇了负面新闻或舆论危机，核心用户也会维护品牌，因为他们是产品的忠实粉丝。而且，很多时候粉丝的言论会比官方发言更加有效。

2.3.3　明确用户需求，确定社群方向

只有产品达到了用户的要求，用户才会离不开产品，因此社群建立的方

向一定要紧密贴合用户的需求。

第一步主要是分析当前的目标用户，总结出可能存在的需求，来扩展社群方向的外延。

第二步主要是通过塑造一个正确的价值观来获得用户的认同，从而勾画出一个美好的愿景来让用户投入时间和精力去追求，有了目标，就能吸引更多的用户。

最后，官方可以通过福利活动来引导用户达成某个目标，在给用户制造成就感的同时，促进社群的发展。

总而言之，社群运营的实质就是通过社群引导和梳理用户的需求，适当地满足用户的需求，来达到增加用户量、普通用户转向付费用户，以及完善产品、更新换代的目的。

2.3.4　建立社群分工制度

社群内要有明确而清晰的分工。例如，我们可以把第一批用户，或者连续带来新成员的用户作为中层管理者，这些人就是核心用户。

在确定核心用户之后，就可以让核心用户来管理普通用户，而核心用户由公司的运营人员来管理。这种通过发挥核心用户的作用建立的社群结构，既可以承载较大的用户量级，也节省了很多精力和资源。

核心用户也需要观察和培训，包括从沟通到试用再到正式成为核心用户。在这个过程中，每一步都需要核心用户的参与，也就是需要群里管理员的参与。新引进的核心用户加入沟通群后，管理员会说明核心用户的职责，然后通过沟通进行面试。如果面试通过了，就可以进入试用期，试用期的要求和时间节点也必须是明确的。如果通过了试用期，就正式成为核心用户群的成员，同时，每个月也会有相应的奖励。

2.3.5　设立激励体系，提高运营效率

明确而公平的奖惩制度可以有效提高社群运营的效率。奖惩制度主要包括管理架构、工作内容和工作目标、社群定义、成员的权利和义务等内容。但是用户往往没有耐心阅读繁杂的文字描述，因此一般会突出强调权利和义务，以图文的形式来表达权利，以其他的形式来传递义务。

社群中的每个成员都可以通过参与社群活动来达成一定的目标，进而体现自己的价值，这也就需要一个封闭的激励体系。用户根据设定好的制度参与各种活动，完成各项任务，从而成为社群的优秀个体或产品的优质活跃用户。

而这种激励体系的表现形式并不固定，一般是通过制度、活动和话题等运营手段来实现的。

2.3.6　设定指标并进行评价

运营社群的目的在于运营产品的核心用户，因此社群运营得怎么样，需要通过产品数据来体现，如UV、贡献量、留存等。因此不能仅仅为了活跃社群而运营，而是要把社群的活跃度与产品的数据连接起来。

很多数据在短期内并不能得出结果，这往往需要某个时间段的数据，如果还是不能说明运营的效果，那么至少要给出实际操控的核心用户的数量，以及直接操控和具有外延影响的核心用户的具体数字。

除了以上提到的方面，开展与产品相关的线下活动也非常重要，这可以带给核心用户更多的产品体验，增加用户对产品的忠诚度。虽然前文讲述的都是如何进行社群运营管理，但做产品的内在目的是带给用户更好的体验，真正解决用户的需求，因此，运营的同时也应该不忘初衷，用心对待每位用户。

2.4 社群变现的七大模式

如今，互联网的发展让每个人都能建立自己的社群，社群的形式也各有特点。不过，不论是建立怎样的社群，其目的都是一致的，那就是通过运营来获得实际的价值回报。

实际上，成功的社群最终都会采用付费模式，因为通过付费才能让用户得到自己想要的服务，同时也能让社群获得回报，这样才能体现社群的真正价值，从而社群也能获得长久的生命力。

与"付费"紧密联系的，就是社群"变现"。这是一个让人狂热的概念，因为大部分运营者最终的目的就是变现。不过，社群的形态和业务的差别也决定了变现的难度和方式有所不同。只要你想通过社群运营来变现，即使自己并未达到变现的水平，也应该提前准备，确定正确的运营方向。而不管是"大V"还是小号，变现的方式其实都大同小异，主要包括以下几个模式（见图2-5）。

02
会员式

03
产品式

01
电商式

社群
变现模式

04
跨界式

07
众筹式

06
服务式

05
广告式

图2-5　社群变现的七大模式

2.4.1 电商模式

如今，电商已经成为很多人做社群运营的动力，而电商式变现就是通过社群卖产品，这在美妆社群和母婴社群很常见。"罗辑思维"也曾认为，"社群应当卖货"，这种方式把社群当作电商的一种工具，从而实现变现。

社群的优势在于可以直接在群内售卖产品，而电商本来就注重销量，通过在群内分享折后产品的链接，让用户获得优惠，这也是一种福利。其实，这也与电商直播有相似之处，代金券、低价和折扣拥有很大的市场，尤其是在美妆、女装等领域。

不过，通过社群进行电商式变现很考验产品的质量，如果产品的质量很好，就会有很高的复购率，反之社群很快就会消亡，目前比较成功的例子有卖书、卖知识的"罗辑思维"，以及卖母婴类产品和早教盒子产品的"年糕妈妈"。

此外，还要注意，社群中出售的产品必须与成员的需求相一致，同时，推销产品也要以较为深度的社群运营为前提。没有运营，直接推销产品，很容易招致社群成员的反感，不利于变现的实行。

2.4.2 会员模式

这种方式指的是，想加入社群就必须付费，成为会员（季度、半年、年）。成为会员可以看作入群的条件，也可以看作一种社群关系的转化方式，这是目前比较流行的变现模式。在实际操作中，群成员可以是刚加入社群时就成为会员，也可以是加入社群之后付费升级。这种模式比较成功的例子一般是资讯类和服务类社群，对运营方有比较高的要求，需要专业的运营团队能够长期持续地输出有价值的内容，仅凭一两个人是很难实现的。

社群服务变现的实质是，采用收费的方式向用户提供他们需要的、更有价值的服务。这种付费的门槛，可以把社群中最活跃的成员聚集起来，给大家提供特有的增值服务，同时通过各种运营让会员之间产生合作和人际交流，增加社群专属圈的黏性，提高用户的复购率。

不过，付费模式存在的普遍问题就是，一旦开始收费，交费的会员心态上会发生变化，他们从社群的粉丝转变成了服务的购买者，这将导致原有的情感联系变弱，此时就需要运营人员采取相关措施来加强这种联系。

2.4.3　产品模式

这种模式比较依赖于相对成熟的且已经在市场上受到认可的产品，如课程、知识、实物等。和其他社群一样，运营方可以在前期吸收粉丝，后期再推销产品。效果不好的话可以尝试推出促销打折、保修包换等服务，要让用户感受到产品的性价比已经超出了市场的平均水平，值得购买。

也可以通过社群运营，让用户参与产品的设计和制作环节，这样就能与用户产生更深层次的联系，从而建立信任，加深社群成员对社群价值的认同感和归属感，这对于产品的销售也十分有利。

社群产品主要分为实物和内容两大类。实物类产品社群会在运营中展示产品的各种优势和特点，让大家在了解产品的同时增加对产品的认可。内容类产品社群则更注重知识IP的打造，塑造老师的个人形象，突出社群的专业优势，加深用户对内容的认同，从而推出相关产品。

这种模式必须注意，产品必须与社群特点，以及运营的内容相匹配。如果做美妆的社群突然开始做母婴，用户的需求无法满足，也就不能达到变现的目的了。

2.4.4　跨界模式

多个不同定位和不同类型的社群进行资源共享，互相导流，就是跨界合作。这种方式不仅可以帮助对方获得经济收益，也可以让自己分享部分收益。一个活动邀请各种"大V"助阵，增加流量和变现转化率，就是典型的例子。

跨界合作实现变现的方法有很多，如资源交换、合作产品、换粉互推等。如果你的产品是护肤品，就可以和拥有较多粉丝的美妆博主合作，这样不仅共享了资源，还能聚集更多的潜在客户，提高变现转化率。

在跨界合作中必须注意的是，合作的本质在于处理好各个合作社群之间的关系，因此在合作过程中一定要注意对方的合作底线，避免产生不必要的矛盾和纠纷。另外，在合作之前就应该明确各自的分工，以及如何分成的问题，否则不仅不能达到营销效果，反而会对口碑产生不好的影响。

2.4.5　广告模式

规模较大的社群主要会采用广告变现的模式，它的另一个名字是流量变现，其实质就是通过社群卖广告。社群可以通过收取渠道费或代理产品的方式来获取分成，这种方式对实物产品和虚拟产品都适用。如果你对自己的产品很有信心，也可以用这种模式从别的社群获取流量，拓展推广渠道。

大规模扩张的社群一般都会收取合作商家的广告费来实现变现。其实，社群中不光聚集了圈子重合的人，同时也聚集了某些商家的精准客户。只要商家想要出售产品，就会进行广告宣传，而相对于广撒网式的宣传（电视广告、广播、百度竞价、App广告位等），显然社群中的广告投放更精准，性比价也就更高。如果社群中的受众人群密度足够高，那么营销的效果会更好。

值得注意的是，社群的重点在于通过运营维持圈子的黏性，频繁的广告会在很大程度上影响用户的体验，而且在社群中也不能宣传与社群主题无关的产品。

2.4.6　服务模式

这种模式主要是把目标人群聚集在一起，通过提供长期的精准咨询服务，赢得客户的信任，达到一种可以随时成交的状态。服务式变现在企业的品牌建设群和个人的品牌建设群应用得比较多。这种模式的重点在于不断增强客户的信任，随时了解客户的需求，不要求短时间内实现变现，因为用户和社群接触的时间越长，越能加深用户的信任感。

2.4.7　众筹模式

众筹式变现利用的是社群的精准粉丝特性，发起众筹实现变现，这种社群的成员通常偏向商业化。利用社群的精准用户，在众筹成功后实现商业化变现，吴晓波频道的基金众筹就是一个很好的例子。

除了基金的众筹，社群变现中经常采用的模式还有客栈众筹和创业项目众筹。其实，这些模式都是将一群有共同目标的人聚集起来，通过累积资金、人力等其他资源，合力完成一个目标，这在实现个人价值的同时，也能促成社群变现。

其实，社群运营的关键在于如何赢得客户的信任。高质量的运营能够让社群成员与社群的关系越来越密切，这有助于我们挖掘更多的资源，这也是社群的衍生价值。同时，也要找到合作的切入点，懂得如何去挖掘每个社群的潜在价值。

很多人认为挖掘资源费时费力还不一定有成效，事实上一个精准用户可以带来他身边所有的潜在客户。如今这个时代是流量竞争的时代，我们就应该抓住机会，顺应大势，用社群打开更大的市场。

2.5　掌握七大策略，社群变现一点也不难

笔者在跟社群发起人沟通的时候发现，他们中的很多人对于如何做大社群、如何实现社群变现还有很多疑问。那么，为什么会出现这些问题呢？

事实上，在社群发展的过程中存在很多不确定因素，而要想实现社群变现，就需要根据这些不确定因素不断地做出调整，找出适合当前社群的变现方式。社群变现的方式有很多，但很多人只看到了社群变现的结果，而忽略了社群变现背后的策略。

2.5.1　社群变现为什么难

其实社群变现的进入条件并不苛刻，多数企业在建立了基础社群后，很快就能实现第一次变现。只是在持续变现的过程中，很容易出现瓶颈。对此，我们不能简单地把原因归结于流量和社群的规模问题，而是应该思考是否有更好的变现方式、是否应该对用户进行变现行为的教育、当前的产品是否适用于社群变现等问题。

❶变现需要过程

社群变现的难点在于，如何让用户参与到变现行为中来，那么在社群变现的过程中，就需要有一个让用户接受的过程。

笔者曾经运营过一个基于兴趣聚集的女性社群。销售人员在用户很活跃的时间点进行了粗暴的广告销售，强制用户参与，导致用户非常反感，但这些都在预料之中，因为这是变现的必经之路。在这之后，运营人员根据这次用户的反应，调整了广告的内容及发布方式，让用户逐渐接受了广告，甚至主动参与到活动中去。

社群变现的结果是诱人的，这不仅表现在投入产出比上，还包括变现过程中出现的意外和惊喜，如口碑的积累、裂变的产生与发展、用户的复购等。不过，社群变现对于运营人员的要求较高，需要他们能够找到和理解社群变现背后的规律。

❷人多不一定好变现

社群的规模大并不代表变现更容易，社群变现也不仅仅是依靠大规模的人群来实现的，下面的例子正好说明了这一点。

笔者曾经作为广告主在两个社群投放广告，一个是主要聚集在线下的小规模微信群，另一个是有好几个用户渠道做推荐的知名大社群。然而，投放了相同的内容，得到的结果却让人出乎意料：知名大社群的转化最终不及200人不到的微信群。

当然，影响社群变现的因素有很多，但是这个例子证明了，人数多并不是社群变现的必要条件。同时，社群的运营也很重要，在扩展社群规模的同时，还应该考虑到很多方面，如社群成员的入群目的、社群能给用户带来什么价值、这种价值是否能促使用户付费、用户是否能促进社群的传播、如何保持用户在群内的持续活跃度等，这些方面都是与普通用户向核心用户转化、新用户的吸收，以及老用户的持续黏附等社群变现的条件密不可分的。

总而言之，社群变现不是仅靠人数来实现的，那么，怎样才能更好地实现社群变现呢？下面介绍了相关策略。

2.5.2　社群变现的七大策略

要做好社群变现，就必须掌握以下七大策略。

❶定制社群内容，聚集流量

对于社群用户来说，千篇一律的内容并不能吸引他们的注意力，因而也就无法达到营销的目的。因此，定制社群内容的重要性就不言而喻了。

社群用户需要的是个性化定制的内容，这种内容并不是价值产品的内容，而是能够抓人眼球、聚集社群流量的内容，让用户在不同维度的社群间投入精力时，选择那些"打动"自己的内容。

❷发展社群社交，实现持续变现

如今，在成功聚集社群流量之后，就能以各种各样的方式进行变现，包括但不限于付费培训、会员制、产品闪购、众筹众包等。然而，这些变现方式都需要等待时机，并不能维持可持续的变现。此时，社群社交的作用就体现出来了。

社交在让用户互相了解的同时，让价值也随着互动过程流转。产品在社交过程中衍生出更多的变现方式，同时也积累了产品的口碑，促进了传播，增加了产品的价值，提高了变现转化率，以及促进了溢价的产生。这个过程不断重组变现的条件，促进了社群变现的持续发生。

❸设计产品相关解决方案，提高变现转化率

重点宣传单品的价值，是社群在变现过程中的普遍做法，但是对于用户来说，他们面临的是多样化的选择，往往选择的是最常见的产品。如果可以把产品延伸整合成一个完整的方案，是否能更加贴合用户的需求，增加他们的付费欲望呢？

如果用户购买的产品来自社群分享，同时还能跟分享人互动，以及跟相关同行互动等，那么对于用户来说，这个产品就是值得付费的。因为单一的产品往往不能真正解决用户的需求，社群变现要想提高变现转化率，就应该打造一个完整的、性价比高的解决方案，才能够真正解决问题，让用户感受到价值，从而实现社群变现。

❹用电商的方式变现社群

聚集用户组成社群，在社群中推销某种产品，这是最初级的变现方式。

然而，用户加入某个社群的初衷，并不一定是消费，这也许只是一个附加行为。如果把这种附加行为变成一个社群所追求的价值，是否能产生其他反应呢？或者结合用户的需求来定制产品，让社群中推销的产品变得特别"有价值"，这样就能够促进社群变现吗？

笔者因为工作关系很早就关注了"疯蜜Live for me"这个社群。它的定

位是高端女性社群，也就是把生活水平较高的、有空闲时间的女性聚集起来做一些有意思的事儿。

此社群从选择目标客户开始，然后是推销一些高端产品，之后是定制产品，以及运营自创的品牌"小黑膜"。其他变现主要是通过会员制、C2B商业模式、众包众筹等方式实现的，把升级的电商营销运用在社群之中，以此来满足用户的不同需要，让社群通过变现体现另一种重要价值（见图2-6）。

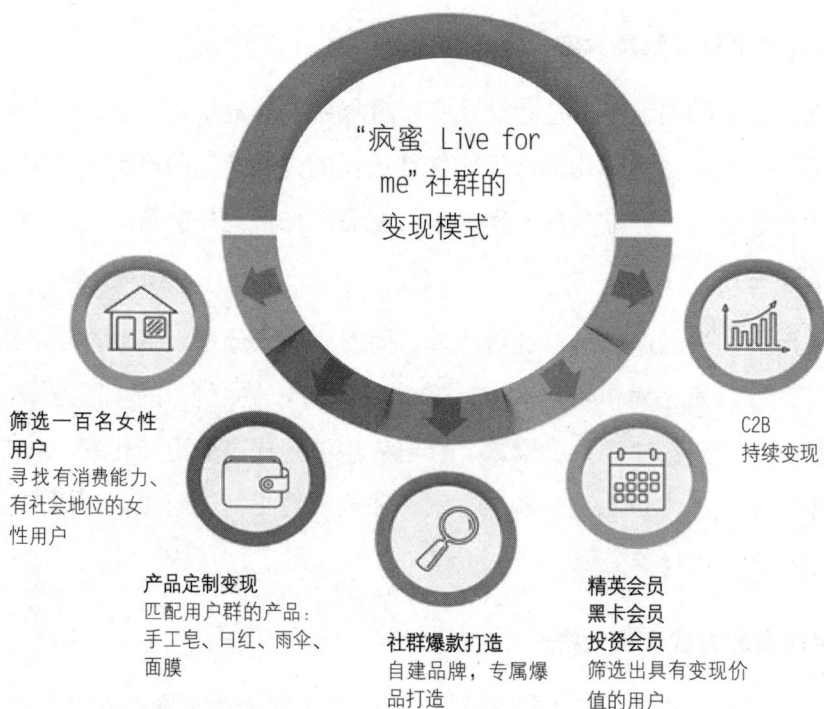

"疯蜜 Live for me" 社群的变现模式

筛选一百名女性用户
寻找有消费能力、有社会地位的女性用户

产品定制变现
匹配用户群的产品：手工皂、口红、雨伞、面膜

社群爆款打造
自建品牌，专属爆品打造

精英会员
黑卡会员
投资会员
筛选出具有变现价值的用户

C2B
持续变现

图2-6 "疯蜜 Live for me" 社群的变现模式

在这个过程中，把握用户的心理尤为重要。在一个社群里，如果直接推销一件产品，用户可能并不会购买，甚至还会反感。但是，如果告诉大家会员可以参与定制某款产品，不仅能优先体验产品，在产品销售后还能获得收

益，此时即使会员费比产品的价格高出很多，也会有用户动心，从而参与其中，实现社群变现。

❺用户为社交付出成本

付费圈子和付费互动都是社交变现的一种方式。用户在社交群的互动，实际上是一个投入时间、精力、成本的过程。在社交发起、打散、重组的过程中，我们可以适当地投入变现因素，从而刺激用户参与变现。

内容在社交过程中的作用很大，具有辨识度的IP更是如此。在一些社群变现的案例中，吴晓波频道的例子比较典型，他们对于IP的变现延伸所做的探索，也很有参考意义（见图2-7）。

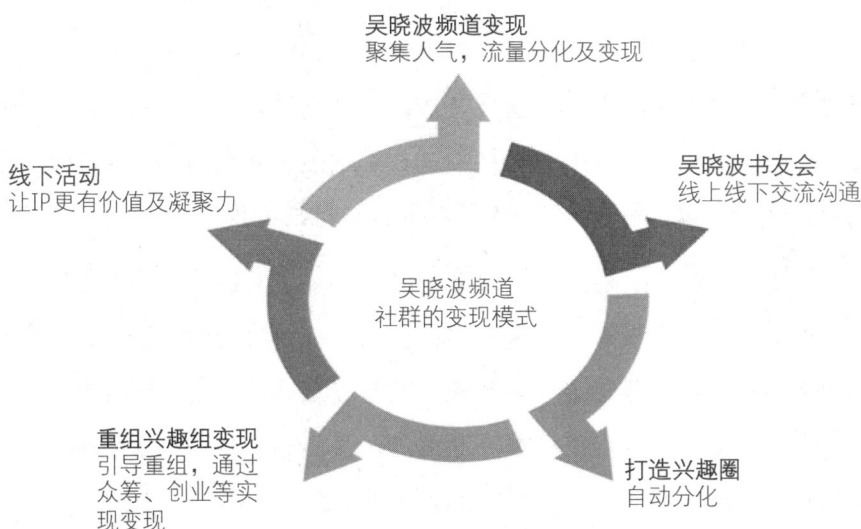

图2-7　吴晓波频道社群的变现模式

这个社群主要是基于"吴晓波"这个IP聚集了很多书友。一些线上线下活动的刺激，使得书友群的规模不断扩大，并且开始分化，形成各种各样的兴趣圈，这也是社群普遍经历的过程。然后，通过一些有趣的活动来重组这些兴趣组，如创意、旅游、创业等。最终，在这些重组的兴趣组内组织一些活动，如慈善活动、咖啡厅改造等，来实现社群变现。

社群可以说是一个平台，很适合C2B，甚至是C2M、C2C的运用，因为社群能够通过社交互动来推动群体的不断重组。在这个过程中，变现的载体会更加丰富，可能是消费，也可能是有趣的活动，甚至是一次工程等。在重组的过程中或重组完成后，变现就可以进行。

❻布局更多维度的变现

社群是需要扩展更多的维度，还是更适合坚守一个价值产品？事实上，单一地维持社群变现的产品，往往会在一段时间后逐渐失去客户的青睐，虽然这并不代表这个产品的运作周期到此结束。但是在这段时间，也需要扩展更多的维度来延伸产品的价值。

其中，最典型的案例就是"罗辑思维"，"罗辑思维"曾尝试过各种各样的变现产品，以及各种各样的变现方式，包括会员收费、卖书、定制产品、拍卖广告等。其实它所做的每一种尝试，都是在扩展更多的维度来挖掘社群用户的需求，推动产品的价值延伸，从而促进社群变现。

产品转化的过程、社交的持续推动过程，以及多维度布局的社群变现的过程，也是社群不断发展和完善的过程。一个社群难免会被其他产品价值冲击从而走向消亡，当其价值逐渐消失，不再满足客户的需求时，社群也就没有了存在的价值。当社群的维度不断增加，其生命力也得到了增强。社群和变现从本质上来说是一个相互牵引、相互制约的关系。

❼换个角度理解社群变现

从运营经理的角度理解社群变现，我们能想到的就是社群变现的时机及变现的转化问题。如果我们换种角度来思考，把社群变现看作商业变现的一部分，那么社群变现的方式就能拓展得更多，社群变现也并非高不可攀。

很多企业在商业化运作时，并没有在一开始就建立社群，而是等到后期用户沉淀后才建立社群，用后期"反哺"销量的方式来达到商业运作的目的。与之相反的一些企业则让社群在产品销售之前成立，这也是商业模式的不同所导致的，如让成本优化的C2B。

社群不仅仅是获取粉丝的方式，更重要的是，它能够成为连接企业各个商业变现环节的重要方式。当商业运作与社群相结合时，对用户的行为变化的分析可以影响企业渠道布局的决策，在某种情况下还能够让渠道抵御客观市场出现的各种不稳定因素。

而且，社群也能优化企业的营销策略。传统的营销策略是通过对渠道的预测，生产并且推销相应的产品，这种营销方式存在很多不稳定因素，而社群因为有用户的存在，能够改变企业的营销策略，从而衍生出新的营销方式。

总之，社群在成为商业运作过程的环节之后，其存在的意义将得到扩展，变现的方式也会更加灵活。

第3章

大数据变现：你的数据价值千万

在当今社会，大数据正深入渗透到各行各业中，它不仅为人们的购物和出行提供了便利，还在商业营销领域发挥着重要作用。大数据就像一座蕴藏量丰富的金矿，只要善于挖掘，就能从中获得丰厚的利润。如今，如何利用大数据变现已经成为企业要思考的重要问题，无论是对互联网企业或电信运营商而言，还是对个人创业者而言，大数据的商业价值都亟待挖掘。谁先找到大数据变现的商业模式，谁就能抢先占领市场。

3.1 大数据价值链的潜力

在这个数字化时代中，人们的一切社会活动都离不开数据，而随着科技的不断发展，数据也正在呈爆炸式增长，大数据时代已经悄然到来。

在现代商业中，"从数据中获得价值"并不是一个新鲜的概念，早在几十年前，沃尔玛就用那个著名的"啤酒和尿布"的故事展现了数据的巨大价值。随着大数据时代的到来，收集数据的渠道不断拓宽，处理和分析数据的技术不断进步，人们也对大数据的价值有了更为深刻的认知。对于如何更好地利用大数据，实现大数据变现，人们也做出了更多的探索和尝试。

3.1.1 大数据的特征

要探讨大数据如何变现，我们首先要弄明白什么是大数据。关于大数据的定义，有很多种说法，但没有任何个人或机构能给出一个权威定义。不过，业内普遍比较认同的一个定义是"大数据4V定义"。

2001年，高德纳集团的分析员道格·莱尼首先指出大数据具有以下三个特征。

❶数据量大（Volume）

随着科技的发展，数据量的边界在不断放大，数据的单位也从B、KB、GB逐步扩展到了PB、EB、ZB等。进入千禧年以后，全球范围内的数据量就在呈指数型增长，并且这种增长仍然在继续。

❷数据的处理速度快（Velocity）

如今，大数据已经渗透到各行各业，对数据处理速度的要求也越来越高，特别是涉及传输、感知、决策、控制开放式循环等领域的大数据时，我们需要更快速、更实时的数据处理速度。

❸数据具有多样性（Variety）

大数据的来源十分广泛，种类也多种多样，既包括可用二维表的形式表现的结构化数据，也包括文字、图像、音频、视频、网络日志、各类报表等非结构化数据。据统计，全世界范围内结构化数据的年增长率是30%左右，而非结构化数据的年增长率则超过了60%。目前，在所有数据中，非结构化数据的比例已经超过了75%。

上面这三个特征被称为"3V"，而不同的研究机构在"3V"的基础上定义了不同的第四个"V"，有的是"真实性（Veracity）"，有的是"价值（Value）"，还有的是"活力（Vitality）"。关于第四个"V"有多种不同的说法，在这里就不一一详细说明了。

对于大数据，笔者也有自己的认识。笔者认为，大数据是指用专业工具收集和处理的巨量数据集，并且这些数据集有巨大的商业价值。在本节中，将从商业的角度，来梳理大数据变现的具体途径。要挖掘大数据的价值，就要先从大数据价值链入手。

3.1.2 大数据四大价值链

一件产品在到达消费者手中之前，要经历原料采购、产品开发、产品生产、存储运输、营销售卖、售后服务等过程，这个过程是一系列创造价值的经济活动，也被称为产品的价值链。

大数据的生产和应用同样要经过一个价值链，这个价值链包括数据采集、数据存储、数据处理和数据应用四个环节，大数据的价值就由这四个环节共同实现。而且，这四个环节是层层递进的，它们贯穿了大数据的整个生命周期。

大数据价值链的每个环节都有变现的机会，采集阶段可以提供"数据源供应服务"，存储阶段可以提供"数据基础设施建设服务"，处理阶段可以提供"数据软件系统供应服务"，应用阶段可以提供"数据应用服务"，这些服务几乎涵盖了大数据变现的所有途径。可以说，所有的大数据变现都要围绕这条价值链展开（见图3-1）。

图3-1　大数据核心价值链

❶数据采集——数据源供应

数据源可以将数据以接口和库表的形式提供给需要的人，而数据供应商则可以根据数据需求量来收费，实现大数据变现。数据源供应环节涵盖了所有能够产生数据的领域，如互联网、传感终端、运营商等。这个环节的变现主要是把数据本身作为产品，不涉及数据的分析和处理，所以相对简单。不过，数据供应的市场比较有限，信息安全的风险也比较大。目前，市面上提供数据源供应服务的机构多为政府层面的公共服务机构。

❷数据存储——数据基础设施建设

数据基础设施建设供应是指为政府、企业等需求者提供大数据基础设施建设服务，支撑它们利用数据获取价值。数据基础设施建设服务的内容包括"云计算"平台的建设和租赁、IDC数据中心的建设和运营维护、数据传输网络的建设等。

数据基础设施建设环节对供应商的门槛比较高，而且市场也已经发展得比较成熟，未来的增长趋势将趋于平稳。除非有技术创新，否则很难有突破性的增长。

❸数据处理——数据软件系统供应

数据软件系统供应是将大数据软件系统提供给企业和政府，以帮助它们更好地管理数据、获取数据价值。这个环节的具体内容包括基础软件系统服务、应用软件系统服务。

基础软件系统服务是指为大数据的存储、管理和分析提供基本环境，应用软件系统服务则是为满足应用需求提供条件。数据软件系统供应环节是把大数据分析能力作为产品，客户的需求也比较统一。

❹数据应用——数据应用服务供应

数据应用服务供应是为企业、政府和其他机构与个人提供大数据分析的结果，满足它们获取更大社会和经济价值的需求。在大数据变现领域，数据应用服务供应是最主要的变现途径，处于大数据价值链的顶端。同时，这个环节的客户群体也是最广泛、需求最多的，基本上涵盖了各行各业。所以，数据应用服务供应的市场前景是最为广阔的。

大数据价值链涉及各种不同的行业，如科研教育机构、创投孵化组织、行业咨询公司等。这些行业一方面支撑了大数据产业并构成价值链，一方面又以收入分成和服务佣金的方式获取盈利。这些行业可以说是大数据产业的支撑，对大数据产业的发展有重要推动作用。

3.1.3 大数据价值链该如何变现

前面我们提到过，大数据价值链的每个环节都有变现机会，如数据产生以后可以直接销售，Twitter就把自己所拥有的海量数据通过两个独立公司授权给其他企业和机构有偿使用。同样地，在数据收集环节可以用数据集或开放API接口的方式来变现，在数据处理环节可以通过开发和销售数据产品来变现。

在大数据价值链的不同环节中，对数据的不同需求催生了不同的变现方式，笔者通过总结和梳理多种变现方式，为大家归纳出了基于大数据价值链的六大变现方向

❶数据自营

数据自营是指企业自身拥有海量数据和相关技术，并且具备一定的分析能力，可以根据数据分析结果改进和优化现有的产品和管理、运营模式，进而获得更多的商业利润。

数据自营需要满足一定的条件。首先，数据必须来自企业内部，可以是生产管理数据，也可以是运营数据；其次，企业必须具备一定的技术水平，能够对数据进行有效挖掘；再次，企业要具备数据分析的能力，并能准确评价数据分析结果；最后，企业要有能力根据分析结果做出正确的商业决策，让企业获得更多利润。

数据自营模式囊括了大数据价值链的所有环节，集收集、存储、处理和应用为一体，可以形成一个完整闭环。而且这种"自产自销"的模式可以帮

助企业节约成本，也更加适应企业的需求。

不过，数据自营比较适合亚马逊、Facebook这类综合实力比较强的大企业，因为只有它们才具备海量的数据，以及相对全面的大数据技术。

❷数据租售

数据租赁是指企业通过媒介将经过过滤和整合的数据销售和租赁给客户，并以此获得盈利的一种商业模式。从事数据租赁业务需要强大的数据收集能力和整合能力，适合那些本身就拥有海量数据的企业，它们不需要花很大力气去收集数据，只需要对数据进行简单的加工即可，如百度和网易都对自己的游戏数据进行了挖掘和销售。

数据租赁是一个集数据采集、信息提取、价值传递于一体的完整链条，通过这个链条，数据实现了增值，成为可以销售和租赁的商品和企业的宝贵资产。

❸数据平台

服务商可以通过数据平台为用户提供数据服务，并以此获得盈利。数据平台服务包括数据分析平台服务、数据分享平台服务和数据交易平台服务。

数据分析平台服务是指服务商以灵活租赁的方式，为用户提供数据存储、运算和分析的服务。用户只需要把数据上传至平台，就可以利用平台上的工具进行数据分析了，这要求用户有一定的数据分析技能和解读分析结果的能力。

数据分享平台服务是指服务商利用自己掌握的数据资源，为用户提供数据推动、数据集成和云数据库等有偿服务。数据分享平台还可以为应用开发者提供开发环境和数据接口，并从所开发的应用中获取利润分成。服务商必须具有强大的数据采集能力和分析能力，才能运营好数据分享平台。

数据交易平台是第三方服务商提供的平台，可以让卖家（数据拥有者）

和买家（数据需求者）在平台上进行数据交易，卖家可以将数据上传到平台上，而买家可从平台上下载自己需要的数据。为了保证数据交易顺利进行，平台上要具有完善的平台技术。

数据平台服务这种变现模式是由技术驱动的，所以比较适合创新型企业来运营，因为它们一般都具有先进的技术。例如，Google的"Big Query"和阿里巴巴的"聚石塔"都是业内有名的数据分享平台。

❹数据仓库

数据仓库是指通过整合各种类型的数据，帮助客户快速地做出正确的决策，让客户的投资回报率达到最大化，从而获得盈利的商业模式。开展数据仓库业务的公司要具备高级数据分析人才和决策支持工具，只有这样，才能为企业提供分析报告和决策支持。数据仓库可以帮助企业改进业务流程，控制时间、物资和人力成本，并提升生产质量。

❺数据众包

数据众包服务是指众包平台通过收集大量原始数据，并加工成结构化数据提供给客户的一种商业模式。数据众包服务可以帮助客户构建算法模型，用低成本和高效率的方式满足客户对数据的需求。

例如，数据众包平台可以采集人脸图像，并对关键信息进行加工和标注，为产品的人脸识别功能提供数据保障和算法模型。因此，提供数据众包的企业要具备先进的数据采集技术和信息加工技术。

❻数据外包

数据外包是指企业将数据收集、数据处理、数据分析等业务剥离出来，外包给专业机构。数据外包的形式有两种，一种是决策外包，另一种是技术外包。承接数据外包业务的公司必须具备先进的大数据技术和超强的数据分析能力，还要具备一定的行业背景知识，才能帮助各行各业的企业解决问题。

数据外包可以帮助企业缩短决策周期和业务流程，降低企业的运营成本，所以数据外包业务有比较广阔的市场前景。

在本节中，我们一起拆解了大数据价值链的四个环节，并从这四个环节分析了六种不同的变现方向，这六大变现方向中又可以细分出很多大数据变现方法。想要实现大数据变现，就要充分认识到数据的价值，并在大数据价值链中找到商业变现的切入点。

3.2 大数据变现的九种商业模式

如今，大数据已经成为趋势和国家战略，如何最大限度地发挥大数据的价值也成为摆在我们面前的重要课题。大数据变现对企业来说就是抢占市场的密码，谁先得到谁就能快人一步。所以，无论是互联网巨头、电信运营商，还是初创型企业，都在探索大数据变现的商业模式。

大数据已经深入地应用到了各行各业中，不仅为人们的生活提供了便利，也为商业活动提供了无法估量的价值。可以说，大数据是一种宝贵的资源。过去，我们对大数据的应用处在讨论的阶段，真正落地的商业模式比较少，反而因为浮躁为大数据行业带来了一些泡沫和风险。还有一部分企业和个人对大数据产业持怀疑态度，不愿意把大数据运用到企业的经营管理中，也没有认识到大数据的经济价值。

但是，自2015年以后，大数据产业正式告别了浮躁，开始进入实质性的发展阶段。大数据变现成为业界的重要探索目标，大数据变现的商业模式也渐渐显出了清晰的轮廓。目前，大数据变现的主要商业模式有以下九种。

3.2.1　咨询研究报告

目前，国内的大部分咨询研究报告大多来源于国家统计局等官方机构，它们是由专业研究院对数据进项分析和挖掘，并结合各行业的定量特点后得出的结论，如各种类型的"市场调研分析及发展咨询报告"等，如果把这些报告出售给企业或者机构，就是典型的大数据交易。

咨询研究报告可以为企业提供各种管理运营和市场营销的数据参考，有利于优化企业的管理和运营，对行业也有利好影响。发布咨询研究报告的一般都是专业机构和部门，这些行业大数据报告则可以面向社会销售，和传统的一对多商业模式相似，只不过交易物品变成了大数据。

3.2.2　B2B大数据交易所

B2B大数据交易所就是数据交易平台，为客户提供大数据买卖服务。目前，B2B大数据交易所主要由政府推动，企业参与。

2014年2月，我国第一个B2B大数据交易所"中关村数海大数据交易平台"正式启动。同年4月，贵阳大数据交易中心也正式运营，并完成了首批大数据交易。2015年，贵阳大数据交易中心发布了《2015年中国大数据交易白皮书》和《贵阳大数据交易所702公约》，阐明了大数据交易所的性质和目的，并为交易标的和信息隐私保护指明了方向。可以说，这两份文件奠定了大数据变现的基础。

不同的 B2B大数据交易所对数据交易的要求有所不同，数据产品的品类也不同。总体上来说，在交易所进行交易的大数据产品主要包括金融数据、政府数据、专利数据、企业数据、交通数据等。表3-1中列举了目前国内的几大主要B2B大数据交易所。

表3-1 国内部分B2B大数据交易所

所属	交易所名称	依托背景
政府	贵阳大数据交易	依托贵州省政府建立
	长江大数据交易	依托武汉市政府建立
企业	API Store	百度旗下，主要提供各类 API 接口
	京东万象	京东旗下，主要提供各类 API 接口，以及免费和收费数据包
	数多多	依托知名八爪鱼采集器，提供数据包下载、定制服务
	优益数据	提供数据包下载、API 调用服务
	联通数据商城	提供金融数据 API

3.2.3 大数据咨询分析服务

中小规模的企业都不会向大型互联网企业一样，拥有自己的大数据分析团队，所以中小企业需要专业的大数据咨询服务。有的创业者抓住了这个商机，经营起了大数据咨询公司，这些公司可以通过大数据建模、大数据分析等手段为企业提供有效的决策参考。

易观数据就是一家国内领先的大数据咨询公司，它打造了一系列以数字用户资产和算法模型为核心的大数据分析工具和大数据产品，为企业提供了很多解决方案，帮助企业实现精细化运营，并提升管理效率。

3.2.4 政府决策咨询智库

相关研究显示，90%以上的行为是可以预测的，如果我们能够将时间数字化和模型化，就能摸清每件事背后的规律，并预测出事态的发展。因此，大数据可以帮助提升政府决策的准确性和科学性。

政府决策咨询智库就是建立在大数据的基础上的，没有大数据，智库就是无源之水。智库可以分为国家党政／科研院所智库、地方党政/科研院所智库、高校智库、社会智库、企业智库和军队智库，其中高校智库、社会智库和企业智库占近一半的比例。

3.2.5　大数据投资工具

拥有大量用户数据的互联网公司将网民和用户的情绪、投资行为与股票行情结合，开发出了大数据投资工具，如大数据类基金等。这些投资工具通过研究用户的行为数据、关注热点及市场情绪，为客户提供投资建议，调整投资组合。

2018年，德意志银行就推出一款叫作"α-DIG"的工具，它可以深度扫描和检测企业财务报告中的隐藏信息，并运用数据科技分析企业的员工、客户和供应商等，了解他们对于企业的真实看法。德意志银行利用这些信息把企业的无形资产进行量化，如企业文化和创新能力，并帮助客户将这些信息利用到投资策略中。

3.2.6　云计算SAAS软件

云计算为中小企业提供了更加低成本的大数据解决方案。云计算服务中的SAAS软件可以帮助企业处理海量数据，提供数据挖掘、数据清洗、数据分析等服务。

海量数据必须通过分析软件进行挖掘和分析后才能被使用，利用数据分析软件提供数据挖掘服务就是一个很好的变现模式。已经有很多公司开发出了这样的软件，这样的软件集统计分析、数据挖掘和商务智能等功能于一体，而且是构架在云端上的。用户只需要把数据上传到软件平台就能利用各种算法和模型来处理数据。

3.2.7　线上交易平台

目前，电商业务越来越发达，人们可以通过电商交易平台购买自己想要的任何商品，可是能够买卖数据这种虚拟商品的线上交易平台还不多，需求空间非常大，这也是大数据变现的重要商业模式之一。

假如，某家服装企业正要开发某省的市场，需要该省目标客户的平均身高、体重等数据。那么，医院或专业体检机构就可以成为卖方，为服装企业提供数据。企业获取这些数据后，可以开展精细化生产，做出更贴合市场需求的服装。

我们可以想象一下，如果大数据线上交易平台可以像淘宝等电商平台一样，有买家、买家，还有第三方支付平台，那么数据交易就会更加便利了。目前，市面上已经有了类似的数据交易平台，未来还会有更大的发展空间。

3.2.8 自有平台大数据分析

已经有越来越多的企业认识到了大数据的价值，因此很多拥有较大客户群体的大中型企业纷纷开始建设自有大数据平台，用数据来指导企业决策、运营、市场开拓和现金流管理等，自建大数据平台是企业的自我增值。未来，更多的企业将在战略部门设置首席分析官，进行跨部门、跨学科的数据混合分析。

3.2.9 数据征信评价机构

近年来，BAT巨头纷纷进入大数据征信市场，这是因为大数据征信是一个千亿元级的蓝海市场。相关机构预计，我国征信行业的市场规模将高达千亿元，其中企业征信和个人征信的发展空间最大。而个人征信和企业征信也因为目标客户和数据来源的不认同，而有着不同的商业模式。

个人征信主要面向有个人借款业务的互联网P2P平台，征信机构通过提供征信报告和贷款决策系统外包、信用卡实时信用分析等服务来实现盈利。

企业征信面向消费型企业和政府公共管理市场，也为金融机构提供服务，通过出具报告、提供信用担保等服务来实现盈利。

大数据征信业务是大数据变现的重要商业模式之一，而且大数据征信是社会经济发展的刚需，这个市场是潜力无限的。成立于2015年的冰鉴科技，就是一家基于大数据和人工智能的第三方独立征信机构，它的主要业务是通过风险模型识别欺诈风险和信用风险，可以为银行、P2P平台、消费金融和小贷公司提供个人以及小微企业的信用评估。

大数据变现的商业模式会随着科技的发展而不断增多，大数据的价值也会被挖掘得越来越充分，大数据产业带给个人和企业的机遇也会越来越多。

3.3 大数据在商业营销领域的应用

事实上，大数据对商业营销的价值更多地体现在优化产品和服务上，力求以最快的速度、最高的效率解决客户的需求，获得稳定的收益。

在商业营销领域，大数据不能带来直接的收益，但是它可以优化整个营销流程。下面为大家总结了大数据在这个方面的五个主要应用。

3.3.1 利用标签管理用户

大数据可以对用户进行比较精细的划分，并形成比较准确的用户画像。大数据算法会为不同的用户群体打上标签，并在运营过程中不断校准用户标签，让每个用户画像都更加丰富和完善，让企业能够针对不同的用户提供精准的个性化服务。

用户标签的管理主要涉及消费数据标签、基础数据标签和社交数据标签这三个方面。通过这三个维度的数据分析，企业可以准确地判断用户的价值，并为商业营销决策提供有力的参考和战略性支持。

例如，某知名运动品牌通过标签化分析得出，北上广深等一线城市的年轻人喜欢运动和社交，并且愿意在运动装备和相关课程上投入金钱。于是，该品牌一年内在北上广深等一线城市举办了20场与运动相关的主题活动，获取了超过50万人次的数据标签。该品牌利用这些标签对现有用户人群实施了精细化运营，使营业额较上一年增长83%。看似不起眼的数据标签，能够为企业的运营提供巨大的价值。

3.3.2 交互式客户关系管理

交互式客户关系管理就是社交CRM（Customer Relationship Management，客户关系管理）或者互动CRM管理。用更通俗的话来说，就是在不同场景下收集用户的信息、捕捉用户的行为、全面了解用户的喜好和消费习惯等信息，再以数字化运营的方式来挖掘新客户，提升品牌的关注度和用户的忠诚度，并刺激用户重复购买。

虽然，中小企业不具备自行收集和分析数据的能力，但它们可以选择现在市面上较常见的社交CRM产品，如数云SCRM、脉群CRM等产品。

传统的客户关系管理已经过时，也应付不了消费者日益复杂的需求，在原有的基础上略做调整只是治标不治本。基于微信、QQ、微博等社交媒体平台的社交化客户管理将是用户运营的未来方向。而由此衍生出来的客户管理、客户服务、个性化定制服务等，也将成为企业的重要经营拓展领域。

3.3.3 AR/VR大数据改造商业模式

大数据不仅能挖掘用户层面的价值，还能够对未来商业模式带来启发。曾经在科幻电影中出现的场景，如实景广告投影、可以进行虚拟换装的服装店、在家中体验实景化线上购物等，这些令人震撼的新商业模式正在逐渐成为现实。

大数据与商业营销的深度结合，可以对商业模式进行彻底的颠覆和改造，品牌与用户之间的交互方式也会越来越多样，包括AR/VR等虚拟现实互动。这样一来，企业就能收集到更多的用户数据，建立更完善的用户数据模型，这是一个良性的循环。

未来，任何产品使用场景和交易流程都将借由大数据和AR/VR技术实现可视化和数据化。

3.3.4 精准推送个性化信息

个性化精准信息推送主要运用在信息流广告和视频中。在"内容为王""内容营销"的大趋势下，用户并不缺少内容。但是真正能满足用户需求、符合用户阅读习惯的内容依然存在很大缺口，而大数据加持下的个性化精准信息推送恰恰能够弥补这个缺口，企业可以通过关联算法、语义分析、标签化等手段，实现按用户的地域、兴趣和喜好的精细化定向推送，以满足用户对个性化内容的需求。

例如，在某个商场内，顾客可以通过微信扫码来浏览商场内的店铺概况，可以方便快速地找到自己想去的商铺。在商场消费后，顾客可以借助支付宝钱包、微信支付等支付手段实现快捷付款。商场可以在法律允许的范围内，分析和收集不同用户的消费行为和消费偏好，来优化商场的运营。例如，经过数据分析后，商场发现用户喜欢某个店铺，就向这位顾客精准推送这家店铺的优惠信息和活动信息，以刺激顾客回购。

3.3.5 提高企业营销的投入产出比

如果企业将大数据分析技术及其成果应用在营销部门或市场部门，就能在现有运营模式的基础上提高营销管理和获客转化的投入产出比。企业或品牌可以借助大数据，用各种数据模型来综合分析现有的营销模式，并对投入产出比进行优化，形成更高效的运营模式和运营氛围，让企业获得更高利润。

总而言之，大数据可以给予企业准确的运营参考，帮助企业做出更有效的运营决策，获取更多客户，实现更多盈利。

3.4 企业实现数据变现的两大方向

每一家企业都有来自外部或内部的各类数据，但是它们往往没有意识到这些数据的重要性和价值，也没有利用这些数据进行变现的意识。要知道，数据是可以帮助企业变现的，本节笔者就和大家一起来看看企业应该怎样利用大数据变现。

每家公司都可以从供应商、竞争对手、战略伙伴、用户和日常经营管理中获得海量数据，但很多企业对这些数据都不够重视。其实，数据本身就自带价值，而数据分析和洞察则会进一步提升它们的含金量。

举个很简单的例子，有一家水果店的老板发现某位客人每周五都会来店里买4斤香蕉，于是老板提前准备好香蕉，并在客人一上门时就对他说："4斤香蕉已经准备好了，是特意给您留的好香蕉。"客人听到这话就笑了，对老板的服务非常满意。

又经过一段时间的观察，水果店老板发现在买苹果的客人中，有80%都会顺带买点橘子。于是，他调整了货架，把苹果和橘子放在一起，方便客人挑选，并开展了苹果和橘子的组合优惠策略，结果苹果和橘子的销量都显著提升了。

水果店老板通过对顾客消费习惯的数据分析，实施了个性化营销的策略，获得了顾客的好感。而且，老板还改进了组合营销策略，拉动了店内的总销售额。一家小小的水果店都能运用大数据变现，更何况是数据更多、更杂的企业。

那么，企业到底应该怎样实现数据变现呢？主要有对内和对外两种途径。

对内是通过数据分析提高企业的运营效率、生产效率、产品品质和服务水平，并针对不同用户群体实施个性化营销；对外是与客户和合作伙伴共享数据，打开新的收入渠道。这两种途径是互不干扰、和谐共存的。

3.4.1 企业内部的大数据变现

企业内部的大数据变现主要分为两种形式。

❶降低成本，提高效率

MailChimp想要通过广告来推广它们的手机App——MailChimp Snap，让更多用户在手机上使用它们的产品。最后，运营团队决定在Facebook上投放广告。

对这个广告的投放，MailChimp的运营团队做了A/B测试。他们把广告分别呈现在活跃用户和对"数字营销"或者"移动营销"感兴趣的非用户面前。最后结果表明："用户组的点击率是非用户组的三倍。"

基于这个结论，MailChimp更改了自己的广告投放策略，不仅投放成本大大降低了，而且转化率也提升了。

❷提升收入，促进销售转化

2005年，Netflix公司还在运营DVD出租业务。当时，他们发现夏威夷地区的订阅率明显低于其他地区。通过数据分析后他们发现，从洛杉矶寄出的DVD要三天才能到达夏威夷。有了这一发现后，Netflix马上建立了新的仓库，让夏威夷地区也可以做到隔日送达。

Netflix也据此得出了一个结论：提升DVD送货效率可以更好地留住客户。在接下来的几年时间里，Netflix把库存中心扩大到了100个，到了2008年Netflix的隔日送达率达到了90%以上，用户的满意度和留存率也提升了。在还没有完全完成互联网转型的时候，Netflix就已经开始运用数据来提升收益了。现在，已经完全成为一家互联网公司的Netflix掌握了更多的大数据内部变现方法。他们通过地理位置、历史购买记录、购物行为习惯等数据了解客户的喜好和需求，并提供一对一个性化的产品和服务，在发现—购买—复购这个过程中的每一个环节上让客户满意。

3.4.2　企业外部的大数据变现

企业外部的大数据变现主要适用大企业或者平台型企业，形式主要有以下三种。

❶销售数据

企业可以把经过筛选和整合的数据卖给中介公司或者终端用户。例如，美国电信运营商Verizon就把数据进行匿名化处理以及整合后，提供给不同的客户。它为零售业和旅游业提供地理位置服务；为政府机构、公共交通公司、城市规划机构提供更高效的交通流量管理服务；为品牌和广告主提供智能定向服务和点击转化洞察服务。

还有一些大型零售企业把它们的购买数据卖给那些想要了解消费者购物习惯和偏好的公司和机构。

❷数据洞察服务

企业可以结合外部及内部的数据，进行深度分析与洞察后形成专业报告，如各种行业趋势报告或者行业白皮书。这些报告也可以卖给相关的企业或机构。

❸提供平台

为用户提供数据分析平台，是最有价值的大数据变现方式。例如，通用电气的Predix平台，就是通过提升机器效率的数据服务，为客户提供额外价值。通用电气还为商业、工业和市政等不同领域的客户提供能源管理系统服务，客户可以通过Predix平台获得关于能源使用、维护和其他结果的预测性分析和规范性分析，并根据分析结果简化能源流程，降低成本决策，实现高效运营。

其实，几乎所有的企业都是数据企业，因为它们都拥有大量未开发、未利用的海量数据，而这些数据中蕴含着巨大的财富。有些数据可能只是一张Excel表格，如果我们重视它，它就是无价之宝；如果我们不重视它，它就只是一张废纸。所以，企业实现大数据变现的关键是意识，企业必须充分认识数据的价值。

第 4 章

短视频变现：最火爆的变现方式，掘金千万级流量池

短视频是现在创业者眼中的"香饽饽"，特别是电商商家们，已经把短视频当成了最好的卖货渠道。不过，仍然还有一些刚刚接触短视频的人对它的变现方式并不熟悉。短视频的变现方式包括广告、电商、内容付费和IP变现，这些变现各有特点，适合不同类型的短视频创业者。要实现短视频变现，选对平台也很重要，抖音是目前最火的带货平台，学会抖音带货技巧，你就能成为短视频变现"达人"。

4.1 广告，最直接的流量变现方式

如今，最常见的短视频变现方式就是电商、内容付费、IP变现及广告，而广告是变现最直接的模式，绝大多数团队都可以适用。因此，越早制定广告变现逻辑和产品线，就能越早抢占先机与大品牌合作。那么，广告变现应该怎么做呢？下面整理了一些要点和具体方法。

4.1.1 用"优质"内容吸引用户

对于广告主来说，短视频作者所生产和传播的内容都属于专业生产内容（Professional Generated Content，PGC）的一部分，这种内容可能具有很强的专业性，目标客户被这种高质量的内容吸引，从而达到内容传播的目的；也可能是内容本身具有自媒体的媒介价值，自身积累的各渠道用户能够扩展目标客户的来源，从而使品牌获得更有针对性的曝光，在这个过程中，将目标客户转化为消费客户。

也就是说，"网红"应该提前构建自媒体生态，持续地用"优质"内容吸引粉丝，培养目标客户。之所以将"优质"打上引号，是因为这种PGC内容在C端是完全免费的，所以需要对成本进行把控，那么这种经过综合考虑后的"优质"，并非制作十分精良的高质量内容，而是在调查所在垂类的平均标准后，所选择的性价比最高的解决方案。

对于内容行业来说，内容的传播量是最重要的，如果在某一领域想要做

到这种"优质"，那么"网红"所创作出来的内容必须是这个领域内最好的或最有特色的，当然，也可以另辟蹊径，用不同于传统的方法打造出差异化优势，从而实现突围。

4.1.2　把控时间成本

"网红"的流量红利和内容形式的创新红利，是自媒体内容行业里的重要关注点，这就要求"网红"时刻保持对整个短视频内容行业的高度关注，才能抓住机会。但是，时间成本也是不得不考虑的问题，当你开始投入各种成本之前，是否也做好了在相当长的一段时间里没有收入的准备呢？

4.1.3　学习成功案例

与此同时，"网红"也应该关注所在垂类内容营销的发展现状，以及相关的成功案例，这些案例可以让人思考其中促进广告变现成功的因素，以及少走一些弯路。

事实上，广告主也在不断地学习和探索，因为他们面对的是一个"用户年轻化，不看广告，喜欢自己主动搜索和寻找"的消费市场，经验并不能起到多少作用。他们通过不断的尝试，用内容吸引用户，然后鼓励他们创作用户生成内容（User Generated Content，UGC），最后变相地带动成交。

内容团队应该以自身的领域为落脚点，研究用户的喜好，引导他们转发、评论和点赞，从而获得流量。这部分工作应该提前做好，不能等到代理商上门的时候再去做。另外，团队还应该去主动接触和参与一些提案环节，即使最终没有成功，但也在这个过程中积累了经验。只有不断接触和参与这些合作项目，才能逐渐构建对自己最有利的策略。

除此之外，团队还应该明确知晓广告主的投放需求。如果你对自身团队的内容质量和创意都很自信，在搭建起自媒体渠道前就可以去尝试承接一些广告主的内容营销定制需求。在了解其需求的同时，也可以从广告主的角度来思考问题，进一步明确创作的内容和目标用户的关联。

下面，我们来看看短视频广告变现的几种方法。

4.1.4 短视频广告变现的方式

❶短视频创意定制

行业权威预测，未来的原生视频广告方向一定是广告主定制创意短片。当前，创意定制视频广告确实拥有其他视频广告不可比拟的优越性。因为"创意内容+短视频"的形式，可以最大限度地发挥专业用户生产内容（Professional User Generated Content，PUGC）的内容价值，同时让广告植入得更自然，效果也就更好。而现在PGC、UGC的短视频内容创作水平也越来越成熟，创意定制已经成为一种高转化效果的营销方式。蓝月亮洗衣液和"飞碟一分钟"合作的创意视频就是一个代表性案例。

❷短视频冠名

冠名的方式在广告植入中早已盛行，这种方式主要是基于短视频的流量，在视频中多次展示品牌或者产品，来达到增加品牌的曝光度和美誉度的目的。它的优势在于覆盖人群广、执行速度快。短视频领域的冠名通常以品牌或者产品命名短视频栏目名称的方式呈现，例如"papi酱"的视频中就出现过"美即面膜"的冠名。

❸短视频植入广告

这种方式主要依靠"网红"的高人气，以贴片广告、主播口播等形式使品牌获得更多曝光，具有操作简单、成本较低、到达率高等优点。

❹短视频互动营销

首先，视频传播就具有直观化的优势，具有很强的视觉性、热点性、互动性和舆论性，很容易引发爆点，感染到目标人群。而短视频互动营销指的是品牌方依靠短视频平台和"网红"的粉丝影响力举行一场活动，吸引粉丝参与，如果"网红"的影响力足够大，活动还可能覆盖到全网。

拉芳就是一个典型案例。2018年6月，拉芳通过策划电商节日"拉芳66顺发节"，创作魔性歌曲《66歌》，联合美拍发起#全民66#的方言翻唱挑战赛，用短视频的方式吸引了大量年轻人参与。同时，拉芳用多元化的形式演绎歌曲，借助头部"网红"带动话题，引发UGC自发传播，引爆活动高潮。在美拍，话题总播放量累计达到1 200万次。

上文已经介绍了几种主要的短视频营销方式，那么怎样投放视频才能最大化地实现传播效果呢？

多平台投放是短视频在推广品牌中的优势，常见的有美拍、秒传等专业的短视频平台。事实上，一些新闻、社交客户端和新媒体，以及优酷、爱奇艺、腾讯等视频门户也可以投放短视频，这样就能做到多平台分发。

一般来说，内容和"达人"资源方面的运用对于执行落地和传播效果具有重要的作用，但是传播渠道的重要性也不容忽视，策划和运营好分发渠道也是短视频营销中的关键一步。团队在运营过程中可以借助大数据工具来精确分析渠道数据，这有助于制定更有效的投放和运营策略。

4.1.5　主动寻找广告主

在了解如何进行广告变现后，就应该着手实现广告变现了。找到有需求的广告主、让目标客户看到自己的内容、组建销售和渠道发行团队，这些都是不得不面对的问题。如果视频"达人"已经有了足够的资金，这些当然可以自己解决。而对于处于创业初期的短视频内容团队，和优秀的视频内容营销资源整合平台合作，无疑是最好的选择。

因为，在当前的新媒体互联网市场里，跨界合作已经比较成熟，而对于缺乏具体标准的内容产品来说，给这种内容制定一个标准就显得尤为重要。

另外，这种合作也是一个双向选择的过程，团队需要一个机构来给内容制定标准，而合作方会选择真正感兴趣的内容，实现互惠共赢。

然后，就需要制作内容产品说明书。一份内容产品说明书主要包括以下几部分内容（见图4-1）。

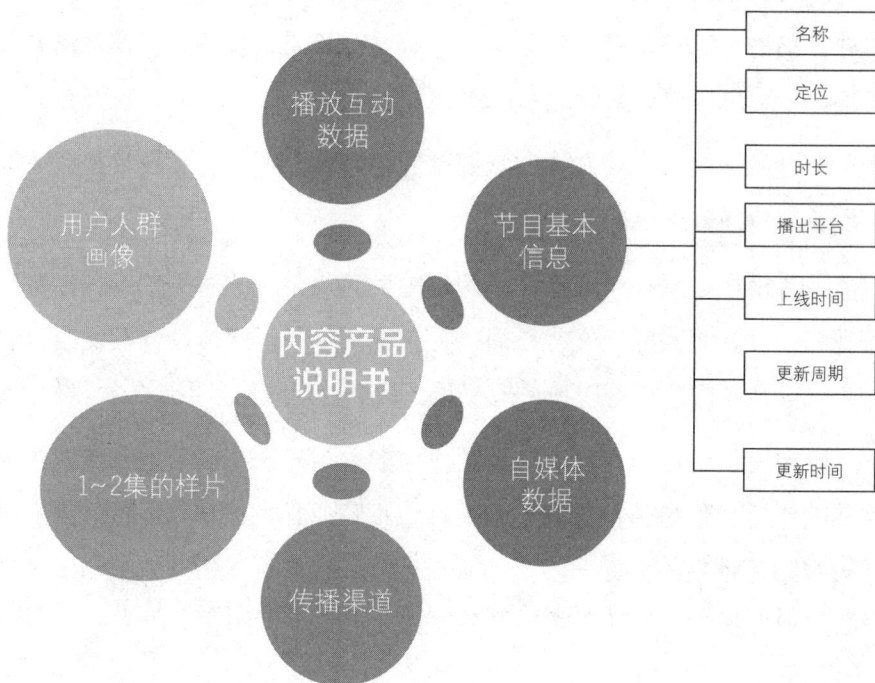

图4-1　内容产品说明书

除了上面提到的内容，对之前的广告合作，也应该以结案报告的形式提供给代理方和广告主。在强调定制方面的合作中，还应该展示团队的基本资料，包括所有主要创作人员的个人履历，以及之前参与过的代表性内容项目的案例情况。

由于短视频内容营销市场的发展还处于初级阶段，短视频"达人"在寻求合作时，除了内容团队的案例，团队之前的经验以及代理合作方积累的成功案例，对于自身优势的说服力也十分重要。在开展广告业务时，一定要了解广告主的心理预期和投放（行为）逻辑，这样才能更好地合作，从而实现广告变现。

4.2 电商，短视频来助力

今日头条的CEO张一鸣曾说过：短视频全民变现时代已经来临。事实上也的确如此。

如今，刷短视频、直播的场景随处可见。无论是吃饭、睡前还是坐车，只要有空闲时间，很多人都会以此来打发时间。短视频早就在不知不觉中改变了人们的生活方式。

也有人认为，短视频只是一种娱乐方式罢了。而随着移动互联网的发展，短视频已经悄无声息地入侵了消费领域。在这样的背景下，各大平台和视频"达人"们纷纷抓住机会，走上了短视频电商变现之路。

其实在2017年，美拍就已经开发出了"边看边买"的功能。用户可以在观看视频时，点击屏幕下方的链接购买对应的产品。"口红一哥"李佳琦，曾在抖音创下5分钟内售罄1.5万支口红、5个半小时带货353万元的纪录，这在让人惊叹的同时，也体现了短视频电商的巨大能量。那么，什么样的短视频内容才适合做电商呢？

4.2.1 哪些短视频内容适合做电商

从内容上来看，测评类内容的受众有较强的消费目的，休闲类内容的用户则没有那么严格的标准，因为他们只是"花钱图一乐儿"。

垂类里轻资产的测评内容都可以选择电商变现，如时尚、生活、美妆、科技等，其中美妆短视频内容的目的性是最强的，做电商也更容易。当前知名度较高的美妆"达人"几乎都有自己的店铺，像Benny董子初、张沫凡、俊平大魔王等已经有了自己的品牌。

而在休闲领域，可以扩展的内容包括搞笑、美食、影视剧评论等，消费者也很容易选择零食、好物、日用品、小家电等相关产品，如生活方式博主"Bigger研究所"推荐的便携式小火锅、红油豆皮这类方便食品销量可观，而美食博主李子柒、野食小哥更是深化IP推出了个人品牌（见图4-2），收获了很多忠实粉丝。

图4-2 李子柒的品牌

在确定视频内容后，接下来就是如何保持良性稳定的收益的问题，那么，我们就应该理解和解决短视频电商的三大核心难点。

4.2.2 短视频电商难在哪里

差异化、标准化和规模化是短视频电商的三大核心难点。

差异化是指内容和销售渠道要与其他团队不同；标准化是指产品的质量及单件产品之间的质量不要参差不齐；规模化是指商家能够保持一定的产量并且能够持续健康地运转。其中，差异化强调的是内容，标准化和规模化强调的是供应链。下面对三大难点进行具体分析。

❶差异化

短视频电商可以做IP品牌，也可以选择做"一条"为主的代表生活方式的传统品牌，而差异化则是做品牌与其他商家拉开差距的最佳方式。

做IP品牌就是依靠"网红"的影响力创立品牌，品牌名称就是IP名称，以"网红"的形象为品牌做担保。这种模式类似于粉丝经济，网民被"网红"所创作的短视频内容吸引，进而转化为"网红"的粉丝，经过视频内容的引导成为品牌或者产品的客户。

能够打动人心的IP所产生的号召力往往是巨大的。有"仙女"之称的李子柒，店铺上线首周、仅上架5款产品的情况下销售额破了千万元，这也说明了其个人IP品牌做得非常成功。之后李子柒与"朕的心意·故宫食品"达成合作，这无疑是锦上添花，不仅延伸了品牌表达，更是领会到了差异化的精髓，使得品牌能够走得越来越远。

除了个人IP，也可以做以内容调性组成品牌符号的IP（见图4-3），"一条"就是个很好的例子。只要提到"一条"，观众往往想到的是"格调""品质"等词语。这种品牌需要强大的库存保有单位（Stock keeping Unit，SKU），从长远角度来看也不会拘泥于单一的品类，因为正如徐沪生认为的，"一条"要"包办"的是"中产阶级"的生活方式，涉及的品类除了家具、美妆、服饰，还包括美食、图书等方面。由于这个模式的获客成本较高，因此可能并不适合当下入局的创作团队。

渠道差距也是短视频电商存在的问题。为此，创作团队应该在创意的构思上多下功夫，让创作的内容与商品和传播平台的融合更紧密。用户浏览内容的目的并非消费，这就要求创作者充分发挥自己的才能，恰当地表达出产品的某个特性，从而刺激用户的购物需求。将用户本不需要的东西推销出去，是创作者必须思考的问题，这也是短视频电商营销的难点。

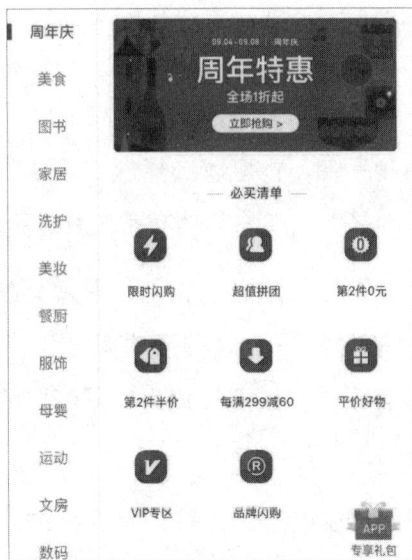

图4-3 "一条"生活馆部分分类

除此之外，平台的特性对于短视频电商也有很大的影响。每个平台都有自己的特性。例如，抖音注重于生活中的美好事物，而快手则主要表现的是生活中的真实场景。创作团队在创作内容时也应该思考到这个问题。

❷标准化、规模化

标准化和规模化不得不需要供应链的支撑，因此商家应该直接与供货商建立联系。这样不仅解决了供应链问题，还能在价格上创造优势，如"Bigger研究所"，他与大型供货商的合作让其比同行获得更多的价格优势。

有经验的团队会在中国、日本、北欧等地挑选优质的独立品牌、设计师产品，让供货商负责物流。这种模式由于不存在库存积压的问题，因此也并未增加成本，从而使团队自身成为电商的流量渠道，获得利润。同时，商家直接与供货商合作，不仅强化了自身的品牌效应，也降低了品控和SKU管理的成本。此外，商家还可以根据用户的反馈来调整品牌侧重点及选品。注重品牌的消费者因为身份认同感可以接受更高的价格，因为价格不仅包含了成本和利润，还包含了选品的审美，这对于品牌IP的周边也具有参考意义。

现如今，短视频变现已经不仅仅依靠广告进行了，电商、实体经济和知识付费等商业模式正在不断地发展，其背后所在的产业链也都在不断地拓展延伸，这是一条全行业都在探索的商业化道路。因此，行业此时的容错率可以允许从业者不断地试错和探索，找到一条最适合自己的商业化途径。

最后，如何在具体的运营实践中让"短视频+电商"模式有效链接和触及用户呢？怎样做才能刺激用户消费？为此，我们就应该对这种模式的运营机理进行深层次的分析。

4.2.3　短视频电商如何打动用户

这种模式触达用户的关键在于，构建以用户关注内容为核心的消费场景，包括三个方面。

❶以具有价值性的内容驱动用户

互联网的迅速发展使得我们处于一个信息爆炸的时代，所处的世界充斥着各种各样的信息，个体空间也随时被信息入侵，这样就引发了"墙纸效应"——"当一个起居室铺满400平方英尺（约37平方米）的墙纸时，谁都不会注意到墙纸的存在。"也就是说，人们习惯被各种信息侵扰时，就会自动过滤这些信息，此时注意力就成为稀缺资源。

如果想要抓住这些稀缺资源，就应该传播具有价值的内容，那么我们就需要从平台获得用户的喜好，从用户的审美角度来创作内容，来吸引用户的注意力。那么什么才算有价值呢？这里的标准就是让用户获得乐趣、学到新的知识、引导用户思考，让用户满足的程度越高，就说明创作的内容越具有价值。

其实，短视频在内容表达方式上具有不可比拟的优势，因此在制作内容时，要侧重于用户关注的内容，迎合用户的审美，投其所好，这样才能在短视频电商营销过程中获得更多的目标客户，从而驱动用户，获得更理想的营销效果。

❷营造消费场景来连接用户情感

在这个时代，用户日益看重消费体验，因此挖掘适宜的消费场景就显得尤为重要，商家需要在消费场景的构思和渲染上下功夫，让目标客户获得更好的体验。那么，怎样才能营造更好的消费场景呢？事实上，这是一个和用户建立情感连接并且达成价值共识的过程。

因此，短视频平台可以通过对不同产品的分析，设计出最适合这个产品的消费场景，让用户拥有"沉浸式体验"，也就是精神高度专注，未遭到干扰的且体验最佳的"无意识状态"。因为在这种状态下，用户由于没有被其他信息干扰，会产生强烈的与内容保持持续联系的愿望，这种强连接不仅可以增加更多层次的传播，最重要的是可以引导潜在的目标客户转化为现实的消费者。

❸触发用户的消费行为

在营造出合适的消费场景后，就应该思考如何触发用户的消费行为。

事实上，用户在短视频内容的引导和消费场景的感染下，并不能保持持续的理智，这种冲动消费心理存在的可能性，提高了"短视频+电商"模式成功的概率。

从具体操作层面来说，首先，短视频平台利用大数据筛选向用户展示有价值的内容，这个过程可以成功吸引用户的注意力；其次，给用户营造出适宜的消费场景，来引发情感共鸣，诱发用户的购买欲望；最后，当用户选择消费时，产品匹配、视频识别、同界面跳转、无时差流畅化、支付等技术保证了短视频电商的顺利运营。

在这个过程中，重点和难点在于如何抓住用户完成"由观众向消费者身份转变"这一决策的"关键时刻"（见图4-4）。

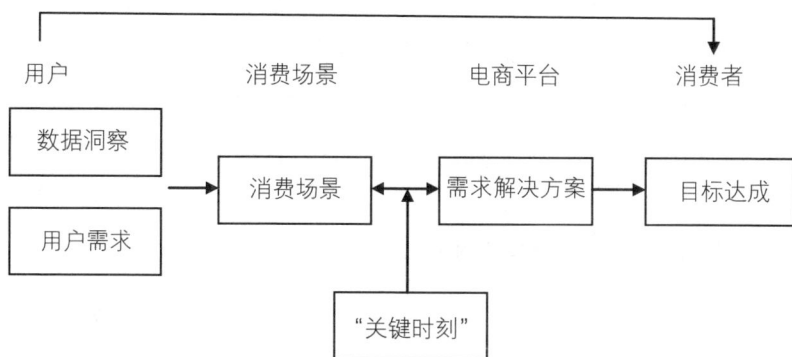

图4-4 用户决策路径中的"关键时刻"

北京大学新闻与传播学院广告学系主任陈刚教授认为，这种"关键时刻"是大数据背景下的一种全新营销视角，是真正以消费者为原点及主体的新营销方法。"关键时刻"方法论的精髓是：在正确的时机，用正确的方法，打动正确的人。其实，这也与"内容价值驱动用户"的理念不谋而合。

因此，"短视频+电商"模式的运营也应该从中获得一些启示。短视频平台应该思考的问题是，能够打动用户的内容和消费场景是什么样的，如何让用户在决策时达到"关键时刻"的临界点；电商平台则应该拿出完整的需求解决方案，为"关键时刻"的到来做准备，从而提高营销效率，商家也同样如此。

4.3 付费，抓住粉丝的心理

目前，短视频行业仍然在探索中成长着，短视频的创作者们也在做着两方面的尝试，一是从内容方向突围，持续提升短视频的制作水平；二是从变现模式上不断创新，拓展更多的变现模式。"看鉴微视频"就是一个很好的例子，它从文史领域内容切入，尝试内容付费模式。

对于整个短视频行业来说，内容付费势在必行，但是如何实现内容付费则是摆在从业者面前的一大难题。"看鉴微视频"的尝试令人鼓舞，但更多的问题也逐渐从中浮现。例如，用户为什么要为短视频买单？短视频付费要怎么付……

要解答这些问题，我们首先要弄清楚付费视频的特点。

4.3.1　付费短视频的特点是什么

想要用户为短视频掏腰包并不是一件容易的事情，因为短视频的信息量远不如长视频，而且绝大部分短视频都是免费的，用户为什么要花这个钱呢？如果想让用户心甘情愿地掏钱，短视频必须具备以下三个特点：排他、猎奇、有用。

具有排他性的内容，是指那些独家或者有版权的内容。在长视频平台和音乐平台的版权大战中，人们逐渐意识到了版权的重要性，当短视频也有了版权，人们是愿意为优质内容付费的。

猎奇的内容能满足人们好奇心或窥视欲，需求十分庞大。但是猎奇类内容也是平台和有关部门的重点监管对象，在短视频行业日益规范的趋势下，打"擦边球"显然不是长久之计。

有用，是这个时代下"群体性焦虑"的最佳解药，资讯的爆炸让人们陷入了知识焦虑的陷阱，不管是为了增加谈资，还是为了提升知识技能，人们都愿意为内容付费。因为，付费是筛选优质内容的第一道门槛，人们可以通过付费节约自己的注意力成本和时间成本。最重要的是，在完成付费的一刹那，人们会获得一种满足感。"用消费缓解焦虑"，这是当代社会某些消费行为的最真实写照，也是拉动经济的动力之一。

未来，短视频付费的内容会集中在人文、历史、地理、社科等领域，相比娱乐化内容，这些领域内的内容更能满足人们的知识焦虑，制作难度较大，往往需要专业机构来制作，具有较强的排他性。

不过，另一个问题也随之而来了，人们可以获取资讯的渠道那么多，如果想了解人文知识，可以看电视、看文章、听音频，还可以看长视频，为什么非要看付费短视频呢？换句话说就是，人们凭什么要为短视频付费？

4.3.2　为什么要为短视频付费

随着人们的版权意识日益加强，为内容付费的习惯也逐渐养成。在市场规则不断完善的今天，付费音乐、付费文章、付费视频、付费游戏已经成为人们生活的一部分。而且，未来内容付费的市场空间会更大。

不过，互联网上的付费内容一抓一大把，其中不乏大量具有排他性、猎奇性且好用、有用的优质内容，人们为什么还要为短视频付费呢？

要回答这个问题，我们必须先探讨一下内容的载体，不同的显示终端适合不同的内容载体。相比PC端的内容，移动端更适合短平快、碎片化的内容，内容体裁也要抓人眼球、便于分享，而短视频恰恰满足了这个条件。

相比长视频动辄半个小时以上的时长，短视频更加灵活和碎片化，只需要占用不多的时间就能看完。而且，短视频比音频、图文更加生动，承载的信息量也更加丰富。所以，短视频一定会成为内容付费行业的重要组成部分。短视频付费未来将大有可为。

4.3.3　如何实现短视频付费变现

卖广告和卖货一直以来是短视频行业的主流变现方式，对于短视频付费变现，尝试的人比较少。目前，短视频付费变现主要有以下三种方式：用户打赏、会员制付费、购买内容产品。

用户打赏，在直播行业比较常见，但是在短视频领域比较少见。2017年，火山小视频推出了短视频打赏功能，火山小视频希望打赏能激励视频创作者制作出更加优质的短视频。

但是，打赏模式更适合互动性高的场景。离开了火热的氛围和互动，短视频想要获得粉丝打赏并不是一件容易的事情。

会员制付费和购买内容产品这两种变现方式，在长视频平台上运用得比较广泛，而短视频平台则处在探索阶段。2016年，秒拍就准备上线付费购买功能，但是秒拍平台上过于娱乐化的内容让用户不愿意掏钱购买，最后秒拍的付费功能也不了了之了。

但是，也有比较成功的案例。新片场推出的系列付费短视频《电影自习室》，一共16集，以299元的价格出售。在预售阶段就卖出了100多万元，上线后两个月卖出了近200万元。

"看鉴微视频"的短视频付费探索也做得相当不错，看鉴推出了几十个付费专辑，包括历史、民俗、地理等方面的内容（见图4-5）。每个专辑中都有10个左右的短视频，每个短视频时长3分钟左右，专辑的单价低的只有1元，高的100元，付费短视频的总销量也超过了50万份。

除了可单独购买的付费专辑，"看鉴微视频"还推出了198元的年度畅想学习包，类似于长视频平台的会员，交了198元以后就可以观看所有的付费内容。目前，"看鉴微视频"的会员已经超过了1 000万人，会员群体以18~35岁的年轻人为主。

不过，短视频付费虽然已经有了好的发展苗头，但是还很不成熟，后期能否形成成熟的市场关键在于两点：一是创作者能否持续产出高质量的内容；二是能否解决用户的需求，让用户愿意付费，也愿意重复购买。

对于短视频平台来说，推出单个的付费短视频并不难，但最大的难题是：怎样持续稳定地输出让用户愿意掏钱的优质内容？要解决这个问题，就必须依靠专业机构。未来，由专业机构制作PGC内容才是短视频付费的新方向。

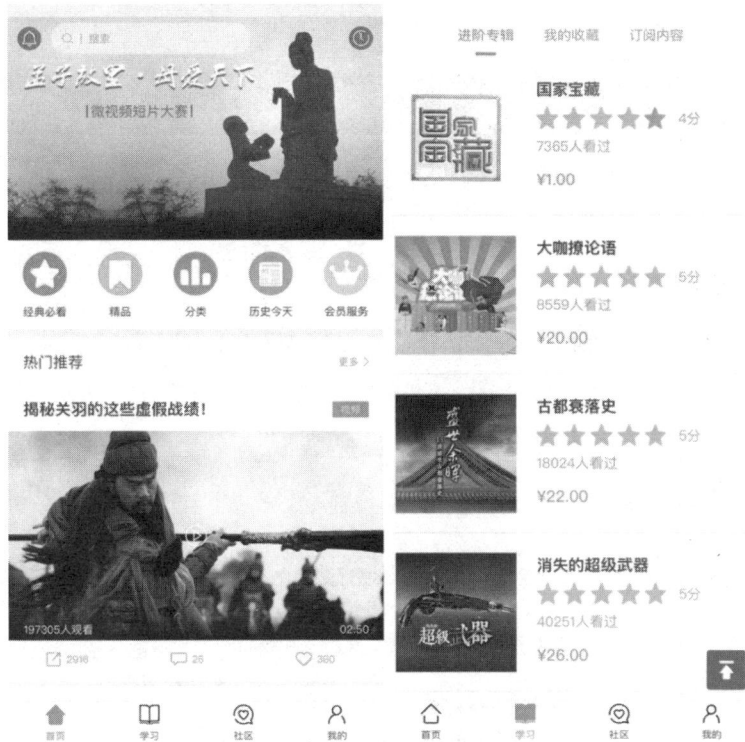

图4-5　看鉴微视频中的付费短视频专辑

4.3.4　PGC付费短视频是未来变现新方向

所谓PGC短视频就是由专业机构制作的、能保证稳定输出的短视频。通常，专业机构制作的PGC短视频更容易达到付费的标准，所以PGC付费短视频是未来变现新方向。

PGC付费短视频的变现模式主要是平台分账，平台分账就是与平台按一定比例对视频的收入进行分成。2019年3月，爱奇艺正式发布了《剧情短视频付费分账合作说明》，率先开启了PGC付费短视频分账模式。

爱奇艺发布的短视频付费分账规则（见图4-6）规定："要求作品时长在4~10分钟且要具有剧情推进，要以竖屏为主，单部或每季净片时长不得少于120分钟，集数不少于30集。"

7 内容合作说明

等级	版权	单价	付费周期	整体合作周期
A	独家	5元/部	不超过1个月	三年
B	独家	3元/部	不超过1个月	三年
C	独家	2元/部	不超过1个月	三年

* 具体评级根据评审委员会评审结果确定

8 分账模式说明

总分账金额=会员付费期分账金额+广告分账期分账金额+招商分账金额(如有招商)
分成比例：常规分成比例，平台与合作方按照5：5进行分成，
前期扶持政策，平台与合作方按照3：7进行分成，（补贴时间由平台控制）

图4-6　爱奇艺发布的短视频付费分账规则

分账模式为：总分账金额=会员付费期分账金额+广告分账期分账金额+招商分账金额（如有招商）；分成比例为常规分成比例，平台与合作方按照5：5进行分成。

为什么爱奇艺会抢在其他平台之前推出短视频付费的相关政策呢？这是因为，爱奇艺已经尝到了短视频付费带来的甜头。

2018年年底，爱奇艺推出了由辣目洋子主演、专业PCG机构春风画面制作的短视频竖屏喜剧《生活对我下手了》。播出后首日单集的点击就突破了5 900人次，成为付费短视频迷你剧中的第一个成功案例，该剧在收费形式上采取"会员看全集"的模式，销售成果还是不错的。

在此之前，让品牌花钱赞助是所有PGC短视频商业表现的唯一路径。例如，大象映画就曾将迷你剧和微综艺打包"出售"，谈下了超过千万元的品

牌推广订单。

其实，腾讯也曾经尝试过采买短视频迷你剧的版权，但迷你剧和传统剧集存在较大差异，在评级时缺乏参照，制作方的制作能力也不够稳定和成熟，所以腾讯的尝试也只能暂时搁置了。

而爱奇艺推出的付费短视频分享规则，让我们看到了短视频付费的广阔前景。PGC付费短视频已经成为短视频变现的另一个重要方向。

虽然，短视频市场已经是一片"红海"，但商业变现始终是困扰PGC类短视频发展的大问题。很多专业制作团队都做了一些尝试，一开始是微综艺，但是微综艺的市场反响并不好，很多团队纷纷放弃了微综艺，并把目光转向了迷你剧。

5~15分钟的迷你剧足以呈现一个完整的故事，既能满足用户的碎片化娱乐需求，又能让用户产生意犹未尽的感觉。让用户产生追剧的动力，后续的付费也就顺理成章了。

目前，国内的迷你剧制作团队并不多，短视频迷你剧还有很大的发展空间，制作还可以在题材多元化、剧情设计、品牌植入手法、用户互动体验等方面多多下功夫。

4.4 IP化：打造商业壁垒

短视频持续变现的关键在于，打造自己的商业壁垒。有人也许会认为，商业壁垒是大公司、大平台才需要关注的事，与小团队和个人创业者无关。实际上这种观点是片面的，对于仍然不算成熟的短视频行业来说，寻找自己的商业模式，打造绝对竞争优势是十分重要的。寻找商业模式时，我们可以参考以下步骤：

第一步，找到目标客户或粉丝未被满足的核心需求。

第二步，找到差异化的价值主张和战略定位。

第三步，构建适合自己的盈利模式。

第四步，整合资源，打造核心竞争力。

在短视频领域，最核心的竞争力就是IP，个人IP或品牌IP是形成竞争优势和商业壁垒的关键因素。

4.4.1 IP化是形成竞争优势的关键

对于短视频创业者来说，除了找到属于自己的细分内容领域，最重要的就是打造品牌和IP化。

我们不妨回顾一下"网红"的兴衰史，从初代"网红"芙蓉姐姐到争议不断的冯提莫，再到吸金能力超强的papi酱，让人不得不感叹一代新人换旧人。大浪淘沙之下，那些没有强有力IP的"网红"，很快会被后起之秀取代。

还有一些靠着打"擦边球"和低俗内容获得流量的"网红"，也会很快被大众所遗忘，因为他们没有把自己IP化的能力。IP不仅意味着被人们记住，还意味着更多的投资和流量，投资者会选择已经小有名气的IP进行投资，平台也会给大IP更多的流量和补贴，因为IP是有价值的。

一个账号叫作ID，一个品牌叫作IP，从ID到IP的跨越是一个成功的内容创作者的必经之路，也是短视频变现的重要一环。papi酱成名以后，不仅继续在各大视频平台继续发力，还推出了自己的短视频MCN机构papitube（见图4-7），持续发展和孵化"网红"，将papi酱这个IP不断壮大和延伸。

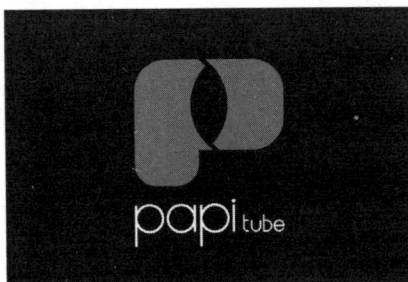

图4-7 papitube

短视频不论对内容创业者，还是对平台和广告主来说，都是更大的机遇和挑战。当内容IP化以后，团队和个人就有了更多的表现机会，也有了更多的变现可能，如广告、品牌授权、线下表演、周边衍生产品等。过去，得流量者得天下；现在和未来，得 IP者才能得天下。可以预见到的是，垂直领域的大IP未来会有更大的变现价值。

打造大IP绝不是模仿，第一个"办公室小野"火了，第二个"办公室小野"不会有人记得。只有与众不同的内容，才有可能成为大IP。打造IP除了要想出与众不同的点子，还要了解平台的特性。那么我们具体应该怎么做呢？

4.4.2 如何通过短视频打造个人IP

通过短视频打造个IP要经过以下三个步骤。

❶做好内容定位

我们要找到自己擅长的领域，并做好垂直化的内容定位。抖音上的"一禅小和尚"就是一个出色的个人IP，他的内容定位十分清晰，就是通过动漫短视频来分享正能量的人生感悟。

我们做个人IP的第一步就是从找准内容定位开始，因为内容定位关系着IP能否持续发展，能否存活。

❷生产优质内容

做好内容是打造个人IP的基础，没有优质的内容，就无法吸引粉丝，IP也就无法形成。

拍短视频入门很简单，但是想要把视频拍得好看，还要下很多功夫。拍摄技巧、后期剪辑技巧、故事设计、场景选择等环节都需要我们去学习和练习。

❸推广和变现

只要我们的内容足够优秀，就能获得流量，因为任何短视频平台都会优先推荐优质的作品。有了一定的流量以后，短视频推广和变现就会变得非常容易，届时我们要做的就是精选合作的品牌和产品。

打造个人IP可以让客户和广告主主动找上门，我们要做的只是从中筛选出与自己内容相符的、与自己IP相匹配的产品或品牌。我们还可以利用自己的IP出一批衍生产品。例如，"一禅小和尚"就出版了漫画书，研发了相关的玩具产品。

利用短视频打造个人IP是一个非常好的变现手段，我们一定要抓住机会。目前的短视频平台有很多，我们可以选择一个适合自己的平台扎根下来，建立自己的个人IP。

短视频行业将持续向前、大步跨越，未来会有更广阔的前景，我们应该抓住机会建立个人IP，然后坐收红利。

4.5 抖音，带货的七种方式

目前，最火的短视频App非抖音莫属，它已经逐渐渗透进人们的生活，占据了人们的注意力。而抖音的带货能力也不容小觑，它已成为商家最喜欢的营销阵地。

为什么抖音的带货能力如此之强？一方面是因为抖音短视频的时长只有15秒，能让我们随时随地地观看，不仅能为我们带来欢乐，也最大限度地占用了我们的碎片时间。另一方面是因为抖音的"接地气"，它记录的大多是普通人的生活，我们很容易从中找到共鸣。基于以上两个原因，抖音的植入广告总是能够自然而然地打动用户。

在抖音视频中植入产品，是一种很常见的带货方法，但植入产品也要讲究技巧，不能太过生硬，还要保证视频内容的可看性。在本节中，将与大家分享几种带货方法。

4.5.1 直接展示产品特色

有的产品本身就有很强的趣味性，而且自带话题，植入这样的产品时，我们可以直接地展示产品，并详细地为粉丝介绍产品的各种功能，用产品本身的魅力吸引粉丝。

例如，抖音主播"开箱大鸡"展示的多功能笔记本、可爱猪猪锅和能做沙冰的捏捏杯这三个产品（见图4-8），本身就有很强的趣味性，仅仅展示产品就能吸引观众看下去，而且看完之后还会产生购买的冲动。

图4-8 视频中直接展示产品

4.5.2　侧面突出产品

如果我们的产品比较同质化，和其他同行没有什么区别，而且趣味性也不强，这种产品应该怎样植入呢？我们可以换个角度，从侧面呈现产品。

例如，大连的一家比萨店就独辟蹊径，不去用视频展示比萨，而是在菜单上做文章。他们直接把菜单做成了比萨的形状，每页都是一个"色香味"俱全的比萨（见图4-9），翻着这样的菜单，粉丝和顾客都会忍不住食欲大增。这个视频获得了十几万次点赞，看到菜单的粉丝纷纷表示饿了，想去店里吃比萨。

图4-9　特别的比萨菜单

4.5.3　挖掘产品其他用途

在展示产品时，我们可以脑洞大开，挖掘产品的其他用途，用幽默搞笑的方式展现出来，让粉丝哈哈大笑的同时产生购买欲望。

例如，前段时间红遍抖音的"海底捞花式吃法""海底捞最省钱吃法""海底捞超好吃自制底料"等视频（见图4-10）就开启了海底捞火锅的各种吃法，海底捞也顺势推出了"抖音吃法"和"网红搭配"，很多"网红"大咖也纷纷到海底捞打卡，海底捞的营业额也因此增长了不少。

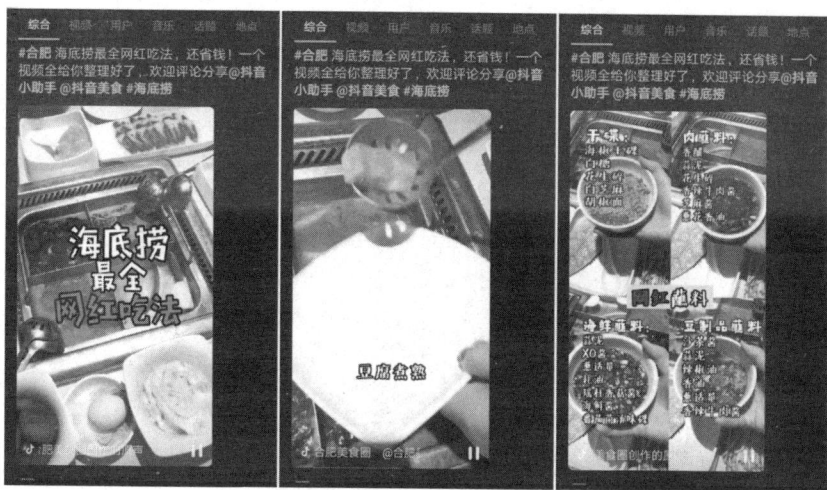

图4-10 海底捞"网红"吃法

我们在植入产品时，也可以借鉴这种做法，曾经有人拍过用iPad盖泡面、当砧板的视频，这也是颇具意味的创意。

4.5.4 利用场景式广告植入产品

利用场景植入，就是把产品放进场景中，这种植入方法比较自然，很多抖音主播都用过，在很多影视剧中也会出现这种广告植入方法。例如，男主角口渴了，拿起一瓶矿泉水，而水瓶上的品牌也很自然地出现在了镜头中。

4.5.5 放大产品优势，夸张呈现

放大优势、夸张呈现的植入方法和直接展示产品在本质上是相通的，都是直接展示产品的优点和特性，只不过这种植入方法更夸张，要放大产品的优势，并用戏剧性的手法呈现出来。

例如，凯迪拉克的某款车型有"一键开启隐藏存储空间"的功能，销售人员拍摄了一个抖音视频"藏私房钱最佳位置"（见图4-11），用幽默的手法放大了这个亮点，引起了很多粉丝的关注。这个视频的点赞量达到了六万多次。

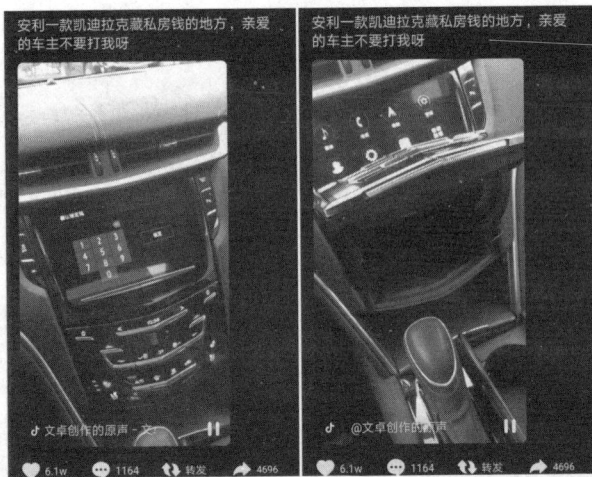

图4-11　凯迪拉克"隐藏空间"

4.5.6　利用口碑推广产品

产品的好坏，我们自己说了不算，好口碑才是最有力的证明。我们在抖音视频中做产品植入时，可以从侧面展现产品的口碑。

例如，知名奶茶店"喜茶"门口的排队场景（见图4-12），就很好地说明了这家店的火爆程度。粉丝看到了这样大排长龙的景象，一定会忍不住到店里买一杯奶茶来尝尝。

图4-12　"喜茶"门口的排队场景

4.5.7 用企业文化吸引用户

有时候，展现企业文化和员工的趣味日常也是一种很好的植入方法。因为，消费者除了关注产品品质和服务质量以外，还会关注企业文化。如果能展现出员工之间轻松有趣的日常故事和温暖有人情味的企业文化，一定能赢得粉丝和消费者的好感。

例如，抖音账号"小米员工的日常"就经常发布一些办公室趣事和员工的搞笑日常生活（见图4-13），获得了很多人的关注，那些不了解小米和小米产品的人，也会因此而走近这个品牌。

图4-13 "小米员工的日常"

带货的方法当然不止上面这几种，我们可以大胆发挥自己的创意，不要因为植入了产品就觉得不好，只要你的视频够精彩、够好看，是不是广告又有什么关系呢！

第 5 章

影响力变现：链接对的人，让朋友圈价值翻倍

互联网时代，人与人之间的链接渠道越来越多，人际关系的价值也被发挥到了极致。只要链接对的人，我们都可以实现影响力变现。想要扩大自己的影响力，就要好好经营自己的朋友圈。当你拥有了高质量的人际关系资源，你就会比别人更容易获得成功和财富。要经营好朋友圈，首先要懂得包装自己，打造"高价值"的朋友圈。当我们的朋友圈价值翻倍以后，无论是卖货还是营销，都可以手到擒来。

5.1 包装自己，让自己成为朋友圈的"明星"

随着互联网时代的不断发展，变现的方式也不断增多。如今微信朋友圈已经不仅仅是一个社交平台，还成为一种新型营销渠道和变现工具。众所周知，人际关系资源可以转化为巨大的商机，而在朋友圈营销中，高质量的人际关系不仅仅是商业机会，更是变现的基础。

笔者的一个朋友，是保险公司的高级经理。与其他保险工作人员不同的是，他很少在朋友圈推销保险，而是经常分享一些关于癌症、高血压等令人担忧的健康问题。除此之外，他也会分享一些人生哲理，很多客户都关注了他的朋友圈。就这样，他不仅在不知不觉中让大家感受到了健康的重要性，还与之建立了良好的人际关系，因此业绩十分突出。

5.1.1 朋友圈营销的五大优势

朋友圈营销这种变现方式火爆的原因在于，它在营销方面存在与生俱来的优势，主要表现为以下五个方面（见图5-1）。

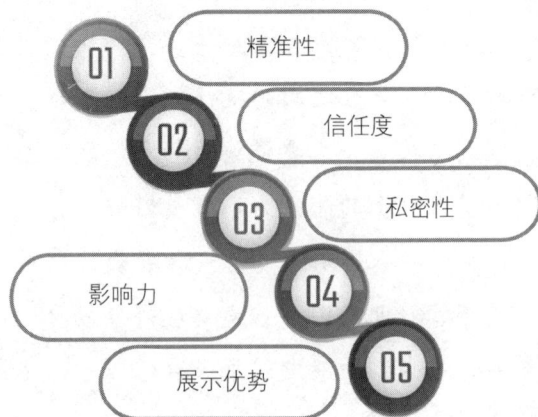

01 精准性
02 信任度
03 私密性
04
05 展示优势
影响力

图5-1 朋友圈营销的五大优势

❶精准性

想要变现，那么建立朋友圈的目的之一就是营销，因此这个圈子常常是围绕目标消费者建立的，具有很强的精准性。

❷信任度

信任是达成合作的基础，没有客户的信任，就不能实现成功营销。一个人之所以能成功地推销产品，关键在于他是否能赢得客户的信任。

❸私密性

与传播时事的微博相比，微信具有很好的私密性优势，因为它可以让客户实现一对一的交流。例如，在奢侈品领域，客户很在意隐私，不愿意让自己购买的产品为他人所知，微信就恰好满足了这个要求。

❹影响力

虽然朋友圈具有较好的私密性，但这并不代表它的传播力逊色于其他平台。如果你的朋友和商家都给你推荐了一款产品，很显然你会选择朋友推荐的东西，甚至会不自觉地把这款产品继续推荐给别人。这种典型的连环人际模式，短时间内可以让人际网迅速扩展，提高了接触目标客户的可能性。

❺展示优势

微信朋友圈扁平化的展示风格非常直观。"图片+文字"的形式可以让人一眼就能看到所展示的产品及其相关信息，而且适量的朋友圈刷屏也可以便于用户浏览商品，加上微信可以在手机上操作，无论是展示产品还是用户购买产品，都十分便捷。

个人微信号不仅接地气，还具有较高的曝光度，有着其他营销方式不可替代的优越性，这对于实现影响力变现也有很大的帮助作用。而想要成功变现，首先必须包装个人微信号，让自己成为朋友圈的"明星"，从而提高个人影响力。那么，具体应该怎么做呢？我们总结了以下要点。

5.1.2 账号装修

❶名称

从营销角度来说，一个简洁好记的微信名称非常重要，它不仅可以让客户与你快速熟识沟通，还能在客户脑海中留下印象，方便下次找到你。因此，在确定微信名称的时候一定要选择一些简单的名称，不要出现一些复杂的符号或繁体字，在确定好名称后也不要轻易改变，否则客户在需要的时候找不到人，很有可能会另择他家，导致错失良机。

❷头像

微信头像的重要性不亚于名称，这也是营销的重要标识之一。微信头像最好采用本人的照片，如果是公司号也可以用公司logo作为头像，选择一些能拉近距离感的头像有助于赢得客户的信任。

❸微信号

微信号不能修改，所以在填写之前一定要深思熟虑。对于微信号的要求是简单好记，方便别人查找即可。不过，现在人们通常会直接扫描二维码来添加好友，对于微信号的选择也就没那么重要了。

❹个性签名

微信的个性签名是天然的广告位，可以好好利用起来。如果是公司号，可以在个性签名处写上你的联系方式，方便客户有需要时联系；如果是个人号，就可以发布一些自己想要发布的信息，但是也要注意分寸，不能违反相关的法律和管理规定（例如电商法或商标法）。

❺地区

地区最好填写自己所在的真实地区，这样可以拉近你和潜在客户之间的距离。

❻朋友圈

朋友圈营销的禁忌有很多，在这里不一一赘述了。总而言之，整天广告刷屏必然会招致圈友反感，多分享一些生活日常，与圈友进行一些良好的互动，增进交流，这样有助于圈友了解产品，同时也能增加好感度。

❼相册封面

除了个性签名，微信相册封面也是绝佳的广告位。通过图片把自己的工作性质展现出来，可以增加客户对你的了解，这样也在无形之中增加了客户的信任。此外，也可以在相册封面展示自己的产品，这样客户在添加好友后一眼就能看见与产品相关的信息，对于你所推销的产品也有了一个初步了解。

5.1.3 职业标签

除了各种外在的和内在的标签，你也可以给自己贴上职业标签来吸引大家的注意。你可以在朋友圈中展示自己的职业，让客户对你所从事的职业有一个比较清晰的认知。这样做的好处是，能够让客户被你的职业态度和职业精神所折服，给客户留下一个比较专业的、深刻的印象。

❶展示职业

人需要通过从事某种职业，以自己的劳动获取相应的收入来满足自己生存所需。很多人认为自己的职业属于隐私范畴，不愿意让他人知晓。事实上，职业是每个人特有的标签。当我们展示出自己的职业时，不仅让人对我们所从事的职业范畴有所了解，也拉近了人与人之间的距离，让我们的形象在别人眼中高大起来，这也是人们对自己不熟悉领域的本能反应。

朋友明杰是水果店的老板，为了得到更多人的关注，他经常在朋友圈展示自己的职业属性，如某条状态："做水果就是做良心，同样的水果，不同的价位。看您注重什么，是为了买而买，还是为了吃而买。"简单的几句话，将他的职业精神阐述得恰到好处，在让大家了解他职业的同时，也对他的职业精神有了比较深刻的认知，留下了好印象。

❷展示工作片段

在展示出工作性质和职业精神后，也不能忽略工作片段的展示，这些内容虽然比较琐碎，但却能让客户在脑海中构建一个正面的形象。有了好感度，客户才愿意去了解产品。与此同时，客户也会在这个过程中逐渐相信你的职业和你所宣传的产品，有了信任感，才会购买产品，最终达到变现的目的。

5.1.4 秀出绝活，把自己打造成"达人"

每位"达人"都有自己擅长的东西，凭借"绝活"吸引更多的粉丝。这在任何一个社交平台都是如此，朋友圈也不例外。因此，若想提高自己的影响力，成为朋友圈里的"明星"，就必须展示出自己的特长，让大家在欣赏和崇拜的同时把这种情绪转化为购物的冲动，进而达到营销的目的，实现变现。

❶展示自己的特长

在朋友圈，如果想要提高自己的影响力，除了制造话题吸引大家的注意，还需要你展示自己的特长，让大家感受到你的与众不同，引发大家的欣赏和崇拜，让其成为你的粉丝。这样一来，传播产品理念就容易得多，因为这种不理智的情绪能够让他们欣然接受你想要表达的思想，这对于产品的宣传和潜在客户的发掘有很大的帮助。

❷用特长帮助大家解决问题

展示自己的特长之后，你需要做的就是运用特长来解决大家的需求。因为，仅仅展示特长是不够的，这对于大家的生活并没有实际的帮助，依靠欣赏和崇拜建立的联系也很快会随着时间的推移消失。因此，当你用自己特有的技能解决了大家的某些需求之后，这种特长就变成了你走进大家内心的"门票"，也能够进一步获得他们的信任，提高营销的成功率。

5.1.5 讲出自己的故事

其实，将自己包装成朋友圈的"明星"，也可以借鉴很多明星团队制造神秘感的方法。因为神秘感能够激发人的探索欲望，从而吸引更多的关注。所以，你可以撰写自己的故事。精彩曲折的故事就像神秘的面纱，会让更多的人忍不住来探索、了解，最终成为你的粉丝，成为产品的潜在消费者。

❶讲述自己的奋斗史

你可以把自己的奋斗史撰写成一个故事，然后分享到朋友圈，大家在阅读的过程中就能了解到你的奋斗目标、奋斗历程以及你所经历的酸甜苦辣。这种故事的优点在于，它能够让人感同身受，在情感上产生共鸣，尤其是其中蕴含着励志因素时，大家就会在阅读时被你的精神所感染，如遇到困难坚持不懈，百折不挠等。而无论最终失败或成功，这种故事都能吸引大家的注意，与此同时，就可以抓住机会适当地宣传产品，为变现做好准备工作。

❷突出艰辛过程和坚强的信念

在讲述自己的故事时，很多人都存在一个问题，那就是绕过最艰辛的部分，因为他们觉得这部分内容会让自己显得比较弱势，影响在大家心中的形象。其实，有了艰辛的部分，故事才更有励志性，更符合传统的阅读思维。因为，任何人的创业过程都存在或多或少的挫折，克服困境最终成功的主角才更值得敬佩。

明杰就很擅长利用这一点，他经常用图片来简单地表达自己创业的艰辛。例如，在一张配送水果的图中，他绑着护膝，穿着很厚的冬衣，骑着电动车准备出发，并配文道："风大，马上出发。"这样就很好地表现出了他的坚强信念以及敬业精神，让大家发自内心地敬佩，同时也能刺激用户消费。

❸分享成功喜悦

值得注意的是，讲述故事除了要展现过程的艰辛和自身坚定的信念，也不能遗漏成功的结果。"一分耕耘，一分收获"，这是人们的固有观念，如果努力之后毫无成果，那么努力还有什么意义呢？当你讲述艰辛的过程后，分享成功的喜悦会让你得到更多的认同，让更多的人成为你的粉丝，加上之后的宣传和引导，他们很容易成为产品的客户，从而实现影响力变现。

总而言之，只有经营好自己的朋友圈，提升自己的影响力，才能获得更优质的资源，让影响力变现成为现实。

5.2 提高转化，打造价值"10万+"的朋友圈

工作中，我们经常会提到KPI，它是衡量员工绩效的量化指标，也是绩效计划的重要组成部分。其实，朋友圈的价值也可以被量化。如果你觉得自己的朋友圈价值千万元，那么以每天发5条朋友圈为例，一年就是1 825条，再整除一千万，每条朋友圈的价值为五千多元。既然我们的每条朋友圈都有这样的价值，为什么不好好规划呢？

5.2.1 认识到朋友圈的价值

笔者有一个朋友曾经利用一条朋友圈赚了7万多元，因为粉丝精准，转化率高，他的朋友圈在圈子里也越来越有名，很多广告公司都找他报价，收入可观。笔者看到过一份朋友圈的报价单，里面很多意见领袖的一条朋友圈的报价在两千元到两万元。高价值的朋友圈是以单条朋友圈的报价来呈现的，看到这个价格，我们还能忽视自己的朋友圈吗？

有一位美妆博主叫苏心糖，她的微博有几十万名粉丝。她平时只是在微博上分享一些美妆心得，在听了笔者的建议后，认识到微信是一个非常有价值的社交平台。于是她把自己的微信号告诉粉丝，让自己的核心粉丝成为朋友圈好友，成功把粉丝引流到朋友圈。在第一个月，她通过在朋友圈销售自己的美妆工具、化妆品和护肤品，实现了300万元的销售额。

另一位朋友小茶，她是毕业不到一年的保险公司的经理。有一天，她跟笔者说，她发一条朋友圈赚了9万元，可以买车付首付了。一条朋友圈竟然价值9万元，这让我们更加不能忽视朋友圈的价值。

其实，很多商家和企业都已经被朋友圈的高转化率吸引，它们拿出了一种合作方案，即租借朋友圈。例如，有500以上好友的朋友圈一个月租金为250元。不过，有的朋友圈价值200元，有的却价值2万元，造成这种差异的因素就在于每个人的朋友圈的价值是不一样的。那么，我们应该如何创造自己朋友圈的价值呢？

5.2.2　打造价值"10万+"的朋友圈

上面的案例在让我们认识到朋友圈价值的同时，也让我们不得不思考：怎样才能让自己的朋友圈价值超过10万元呢？我们总结了四个要点。

❶高质量的粉丝和好友基数

想要打造高价值的朋友圈，就必须拥有高质量的朋友圈粉丝，让他们能够信任你，从而接受产品理念。

那么小茶和苏心糖是怎么提高粉丝质量和好友基数的呢？

前面提到，小茶从事的是保险行业，她在很早之前就开始理财，也会通过一些理财的公众号分享自己的理财心得，还会在一些付费社群分享自己的相关知识和经验，这样就逐渐吸引了一批粉丝。具体来说，她通过理财论坛、公众号、线下活动、豆瓣、贴吧等平台找到自己想要进入的圈子，然后加入相关的社群，在群里和大家积极互动，吸引更多认可她的人，就这样，她收获了一大批高质量的朋友圈粉丝。

苏心糖则是通过在微博上分享自己的美妆经验、传达自己的价值观，来吸引认可和喜欢她的人，通过持续的内容更新来不断吸引更多的粉丝。

❷高情商互动

高情商互动指的是你要用适当的沟通方式来维持你与朋友圈粉丝的良好关系。例如，可以评论和点赞对方在朋友圈分享的生活日常；也可以主动和他们交流，倾听他们的烦恼；不要忘记节假日的问候，以及在他们需要的时候帮助他们。

小茶在这一点上就做得特别好。她会积极热心地回答其他人提出的理财的相关问题，也会在节假日发红包，更不忘用适当的语言问候他人，以及在平时也会经常评论朋友圈好友发的动态，及时互动。此外，小茶特别喜欢用接地气的表情包和段子与朋友圈粉丝进行交流，这样不仅拉近了人与人之间的距离，还能增加好感度。

❸经营朋友圈

经营朋友圈的作用在于，让别人感受到你是一个真实的、有着丰富情感的人，而不是一个营销机器。在朋友圈分享自己的生活、工作、价值观，可以让别人对你有一个比较清晰的了解，而信任正是基于了解产生的。同时，你在朋友圈分享的一些活动、经验的链接，也能加深朋友圈好友对你的印象和认可。

在宣传产品的时候也应该注意，刷屏行为很容易引起微信好友的反感，推销产品要采用适当的方法。例如，小茶在卖产品的时候，首先会告诉大家自己对这个产品的理解和体验，把客户使用的体验告诉大家，这样做就减少了大家对产品的顾虑，同时也赢得了潜在客户的好感和信任。

而她那条价值9万元的朋友圈对于朋友圈的经营也很有借鉴意义，文案是这样的：

"大学就买了17份保险的小茶，从业以来从没有发过重疾保险广告的小茶，今天要给你们推荐一款特别靠谱的重疾保险，要把第一次保险广告的满满心意给你们，你们期待吗？"

她首先在文案中说明自己有购买保险的丰富经验，其次语言非常活泼，很容易让粉丝接受，这样的广告谁会拒绝呢？

❹选择产品

朋友圈的价值也是与产品、价格以及利润直接联系在一起的。如果你已经赢得了朋友圈好友的信任，那么只要他有购买的需求，就很有可能购买你推荐的产品，这样买单率就会很高，这也从侧面体现了你的朋友圈价值。不过，如果产品单价较低，就需要通过销量来获得更多的利润，这就需要增加好友的基数。

在选择产品时，应该选择符合当下趋势、满足用户需求、复购率高、价格适中、利润率高的产品，如护肤品、面膜、服装、课程、化妆品等。除此之外，在宣传产品时将广告分组发给有需要的好友即可，群发会招致反感，不利于与潜在客户保持良好的关系。

总而言之，要想自己的朋友圈价值10万元以上，就应该拥有高质量的粉丝和好友基数，来满足销量和利润的要求。同时，提高情商、经营好朋友圈也很重要，这样能增加你与客户之间的感情和信任。此外，在产品选择上也要谨慎，好的产品对于打造朋友圈的价值具有十分重要的作用。

5.3 找到目标，精准定位客户资源

目前，朋友圈营销已经发展到了很多领域，如食品、服装、健康养生、

电子产品等。只要是我们能想到的产品，都可以通过朋友圈做营销。

可是在实际卖货的过程中，很多人却始终打不开局面，有的人甚至一个月都卖不出一件产品，以致失去了继续做下去的信心。之所以会出现这种情况，主要是因为营销策略和客户定位出了问题。如果我们既不懂得如何推销自己的产品，也不知道要把产品卖给谁，那么，即使我们的产品再好也卖不出去。

在讨论具体的营销策略之前，我们要先找到自己的目标客户，所以，本节探讨的问题是如何精准定位客户资源。

定位客户资源的前提是保证自己的微信好友的数量和质量。俗话说"多个朋友，多条路"，做生意也是如此。朋友越多，生意越好。如果我们想要把货卖出去，就必须保证自己有足够多的微信好友。因为我们的目标客户都是从微信好友中提炼和转化而来的。

可是，微信的好友数量是有上限的，每个人最多只能有5 000个好友。也就是说，我们所发布的朋友圈也只有这5 000人能看到，我们的目标客户也在这5 000人中。那么，这5 000个好友的质量就显得尤为重要了。

打个比方，假如一个人有5 000个微信好友，可是其中有2 500人是中学生，还有2 000人是老人，只有500人是年轻白领，那么从做生意的角度来说，这个人的好友质量并不高，因为其中有购买力和购买意愿的人并不多。因此，我们要尽量把那些有购买意愿和购买力的人加为好友，只有这样才能从中找到更多的目标客户。

在保证微信好友数量和质量的基础上，我们还要精准定位自己的目标客户，因为每个人对产品的需求不一样，只有找到了目标客户，我们才能实施更加精准的营销策略。下面的三大策略是精准定位客户资源的关键，希望能对大家有所帮助。

5.3.1　将朋友圈精准传递给目标客户

对于要通过朋友圈做生意的人来说，发朋友圈的目的不是集赞，而是卖货和变现，所以能吸引目标客户、能让目标客户看到并产生兴趣的朋友圈才是有效的朋友圈。那么，我们应该怎样做呢？

首先，我们要找到合适的切入点，把日常生活和产品结合起来，只有这样才不会让人反感。搞笑段子、温馨的问候、天气预报都是很好的切入点，有了这个切入点，我们就能让目标客户停下来看一看我们发布的内容，而不是直接选择忽略。

其次，我们要保证自己的信息传递到位。在朋友圈里，大段大段的文字是不受欢迎的，因为现在很多人都养成了碎片化阅读的习惯，没有耐心去看大段的产品介绍。所以，我们要学会把内容分段。

在这里，笔者要和大家分享一个小技巧，那就是利用评论把长段的文字分段。在发布朋友圈以后，我们可以把一些重要信息发布在评论里，这样可以让信息一目了然。图5-2中的朋友圈就把重要的价格信息单独列在了评论里，十分清晰明了。

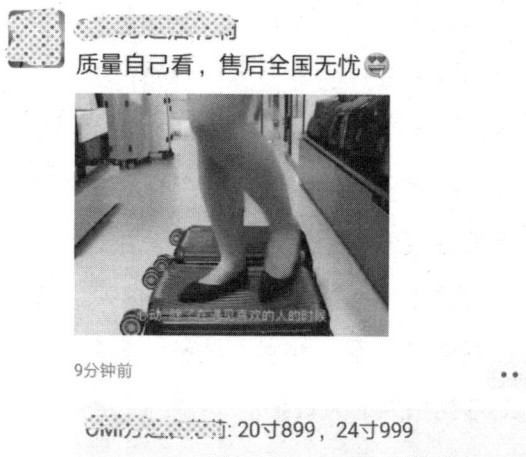

图5-2　朋友圈评论展示产品详情

另外，发朋友圈的时间也很关键，大家浏览朋友圈的高峰时间段一般分布在早上7点到9点、中午12点到下午2点、下午5点到7点、晚上10点左右，所以在这几个时间段发布朋友圈是比较合适的，目标客户看到朋友圈信息的概率也比较大。

5.3.2 利用搜索功能找到目标客户

对于精明的生意人来说，朋友圈是一个发现商机、寻找客户的宝库，为什么这么说呢？因为大多数人都会在朋友圈分享自己的心情或者动态，而这些信息能帮助我们精准地捕捉到朋友圈好友的痛点和需求，从而找到潜在的目标客户，并为他们推荐产品。

例如，有人发朋友圈说："这段时间又长胖几斤，吃货注定和减肥无缘啦！"通过这句话我们可以很快找到这个人的痛点，那就是减肥和瘦身。对于卖减肥产品或健身课程的人来说，他就是一个潜在的目标客户。

又如，一个女生发朋友圈说："最近老是长痘痘，好烦躁！"从这条朋友圈中，我们也可以找到她的痛点——皮肤状态不佳。很明显，这个女生是护肤品或保健品商家的目标客户。

可是，朋友圈的信息量十分巨大，我们根本没有足够的时间和精力把每条都一一看完，难道只能白白错过商机吗？当然不是！只要善用微信搜索功能，就能简单地解决这个问题，而且以后也不用担心会错过商机。

微信搜索功能可以帮助我们很快地找到目标客户，可是很多人却忽略了这个功能。我们只需要在搜索框中输入关键词，并选择"朋友圈"就能快速定位目标客户。我们搜索的关键词应该和产品相关，假如我们的产品是面膜，那么我们就可以搜索"保湿、补水、祛斑、美白"等关键词，我们也可以在其他电商网站上寻找相关的关键词。

在搜索结果中会显示与关键词匹配的朋友圈信息，我们可以通过筛选和分析，来确定他们是不是我们要找的目标客户（见图5-3）。

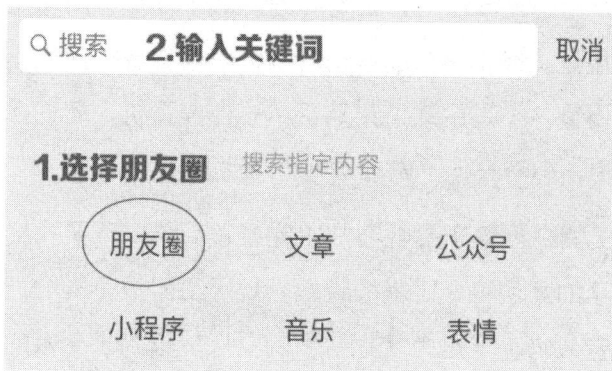

图5-3　善用微信搜索

5.3.3　找到客户里的"领头羊"

在定位目标客户时，我们还要找到客户里的"领头羊"，并通过他们影响更多目标客户。找到"领头羊"能帮助我们降低营销的难度，提升产品在客户中的知名度。"领头羊"们的影响力是十分巨大的，如果他们乐于选择我们的产品，那么我们的产品就很容易获得好口碑。从某个角度来说，"领头羊"是我们产品的最佳代言人。

看了下面这个案例，大家一定能更加深刻地认识到"领头羊"的重要作用。

笔者的朋友小李经营着一家主营榨汁机的微店，她经常在朋友圈中为自己的产品做营销。有一次，小李和一位客户聊得十分投机，便顺势向顾客介绍起了自己店里的新款榨汁机。客户看完产品的介绍和图片以后明确表示自己不会购买，小李询问原因后得知，客户的朋友认为榨汁机不实用，而客户所说的这位朋友恰好是小李客户群中的活跃分子王姐，她在群里很有影响力。

了解了原因以后，小李并不气馁，因为她以前跟王姐打过交道，她知道王姐是一个热心肠的人，平时的消费也以"实用"为第一原则。王姐之所以认为榨汁机不实用，是因为对产品的了解还不够全面。

于是，小李专门在微信上为王姐详细讲解了榨汁机的功能和经常饮用果蔬汁对健康的益处。经过小李的详细解说，王姐发现榨汁机不仅使用方便而且能提升生活质量，于是主动下单购买了一台榨汁机，还把榨汁机推荐给了群里的其他客户，小李一下子做成了好几单生意。

在朋友圈卖货，要善于寻找客户中的"领头羊"，要找到最有影响力的那个人。在小李的案例中，她就敏锐地发现了王姐很有影响力，是决定销售成功与否的关键人物。于是她就把营销的重点转移到了王姐的身上，并通过充分的沟通，成功卖出了榨汁机。

小李的故事告诉我们"领头羊"的重要性，那么，我们应该怎样找到客户中的"领头羊"呢？

❶找到掌握财政大权的人

如果我们面对的客户是一个家庭，或者一个公司，那么我们就要找到其中掌握财政大权的人，因为他们才是能拍板买单的人。如果我们要向一对夫妻推销产品，就要准确判断出谁才是家庭中的"财务官"，怎么判断呢？我们可以通过对话旁敲侧击，也可以委婉地询问，还可以通过观察对方的朋友圈来判断。如果是公司客户的话，我们则可以从对方的岗位和职务来判断谁才是最后掏钱买单的"关键人物"。

❷找到掌握话语权的人

在有的情况下，客户中的"领头羊"是那些掌握话语权的人，他们不一定是掏腰包付钱的人，但却是能影响消费决策的人。上面案例中的王姐就是在客户群中比较有话语权的人，这类人能够带动其他客户购买，也能对我们的生意造成比较大的阻碍。所以我们要找到他们，并对他们采取有针对性的营销策略。掌握话语权的人怎么找呢？我们可以建立客户群，并通过观察群成员的活跃程度，找到客户中的"领头羊"和"发言人"。

❸找到有影响力的人

我们还要找到朋友圈中有影响力的人，并以他们为核心辐射其他客户。一般来说，职位较高的人、社会地位较高的人或者朋友圈中的"名人"都属于影响力较大的人群，我们应该把营销的重点放在他们的身上。

要通过朋友圈做生意，实现影响力变现，就要精准定位目标客户。找到了目标客户，我们的营销才能做到有的放矢。

5.4 营销有道，会"种草"才能"割草"

为什么你发的朋友圈无人问津？

为什么你的货卖不出去？

为什么你明明很努力，却没有收获？

为什么卖同样的产品，别人生意兴隆，你却冷冷清清？

……

上面这些问题的答案只有一个：因为你不会"种草"。"种草"是时下流行的网络用语，是指分享和推荐某一商品，并让人产生购买欲望的行为。从商业角度来说，"种草"就是营销，不会"种草"就不能"割草"，不会营销就卖不了货。在朋友圈做生意，一定要学会"种草"，下面为大家分享五大"种草"方法。

5.4.1 用口碑"种草"：让客户告诉大家产品好

用口碑"种草"就是让客户告诉大家我们的产品有多好，让客户把我们的品牌传播出去。口碑不是自己标榜的，而是客户给的，好口碑是客户对我们的最大肯定，也是我们在朋友圈做生意的基础。

在朋友圈卖货要依靠口碑，只有赢得了口碑我们才能拓展新客户，才能赢得客户的信任。口碑好不好体现在有没有人称赞我们的产品，有没有人推荐我们的产品，所以说，产品能否让客户满意，是口碑营销的核心。此外，服务和个人魅力也是口碑营销的关键点。

如果我们想要在朋友圈中获得客户的信任，就要坚持做口碑营销。首先，要保证产品的质量，坚决不卖假冒伪劣产品。

其次，我们要做好服务，售前要与客户积极沟通，为客户答疑解惑；售中要做好物流服务，保证客户能按时收货；售后要及时获取客户反馈，积极为客户解决各种售后问题。

最后，我们还要努力提升个人形象，积极展现自己的个人魅力，和客户成为朋友。相信只要做到了这三点，我们就能赢得好口碑。

朋友圈卖货做的是人脉生意和长线生意，如果没有好口碑是不可能长期做下去的。和其他电商平台相比，微信朋友圈相对封闭，信息传播力较弱。但换个角度看，这也是微信朋友圈的优势。相对封闭的环境更利于我们做口碑，也更利于建立和客户的信任关系。当我们和客户建立了较强的信任关系，客户的回购率和带新率都会提升，我们就不用担心货卖不出去了。

5.4.2　用事实"种草"：边卖货，边晒单

在微信朋友圈卖货，除了发产品文案和图片，还要会晒单。我们可以晒自己的成交单，也可以让客户晒自己购买时的订单，晒单的目的是表明产品十分受欢迎，并激发其他客户的好奇心。

很多商家在朋友圈发布的信息，都是广告和软文，这类广告和软文的目的性太强，很容易引起客户的反感。而且朋友圈是一个比较私密的平台，发布的内容以分享日常生活为主，并不是一个可以让我们肆意发广告的场所。

不打广告，我们就不能做营销了吗？当然不是，别忘了我们还可以晒单（见图5-4）。晒单是目前使用率最高、效果最好的朋友圈营销手段之一，很多商家都在使用。

图5-4 朋友圈的晒单

晒单也是要讲究技巧的，怎样晒单才有效果呢？下面为大家介绍几种晒单的方法。

❶晒出成交单

我们可以在征得客户同意后，在朋友圈晒出聊天记录和成交记录，把客户对产品的肯定和购买意愿展示出来。成交单不是广告，但却有着比广告更好的宣传效果，晒成交单就是告诉朋友圈里的其他客户："我的产品非常好，大家都争相购买。"

❷晒打包好的货物

还有一种晒单方法是晒打包好的产品，我们可以以提醒客户准备收货的名义晒出打包好的产品，这样可以让客户产生产品销售火爆、供不应求的印象，提升产品在客户心中的形象，也能赢得更多客户的信任。

❸鼓励客户晒单

我们还可以鼓励客户晒自己的购买记录，并分享自己的使用感受，让客户给我们的产品做宣传。客户的行动和真实感受是最有说服力的，我们应该运用各种方法鼓励客户晒单，如晒单返现、晒单有礼等。

晒单是一种非常实用的朋友圈营销技巧，既避免了发广告的嫌疑，又能帮我们给客户"种草"。

5.4.3　用活动"种草"：节假日花式促销

节假日向来是商家们"种草"的好时机，实体店和各大电商平台都会利用节假日活动吸引客流，提升店铺人气，我们也可以在朋友圈进行节假日促销活动。如果节假日促销活动做得好，不仅可以让产品大卖，还能吸引一波新客户。

我们在进行朋友圈节假日促销时，除了要用强大的优惠力度为客户"种草"，还要注重创新，用新颖的促销形式激发客户的购买欲。传统的节假日促销方式不外乎"折扣""满减""特价"等形式，客户对这样的促销方式已经产生了免疫，我们必须要用更新鲜的方法来吸引他们的眼球。

笔者有一位朋友小杨非常善于在朋友圈做营销，每逢节假日，她都会推出各种促销活动。有一年的圣诞节，她在朋友圈做了一个限时抢购的活动，取得了非常好的效果。活动的形式是这样的：小杨推出了几件圣诞限定款饰品，并分别设置了几个抢购时段，每个时段售卖一款饰品，时间一到就停止接单。通过这个活动，小杨赚得盆满钵丰。

这种限时、限量的促销方法，极大地刺激了客户的购买热情和活跃度。在活动期间，看中某款饰品的客户会时刻关注这款饰品的售卖时间段，没有抢到的客户也会持续关注小杨的朋友圈，期待以后能买到心仪的饰品。

节假日促销也是"拉新"的最佳渠道，我们可以用各种优惠方式来鼓励老客户带新，如老带新优惠、第二件折扣、关注抵现金等。这种有针对性的活动可以帮助我们吸引更多的新客户。

5.4.4 用礼品"种草"：有礼才会"赢"

为客户赠送礼品或赠品也是一种非常好的"种草"方式，我们在给客户送礼时，要注意以下几点。

❶赠品质量不打折扣

很多商家都会做"买一送一""买二送一"等活动，以吸引客户购买，可是客户拿到赠品后却觉得自己被骗了。因为这些商家送的赠品要么名不副实，要么质量太差。面对这样的赠品，客户的心情可想而知。

赠品，虽然是免费送给客户的东西，但却能体现商家的信誉。如果我们给客户的赠品是劣质产品，无疑会让自己的信誉和形象大打折扣。更重要的是，赠品的品质和产品的品质是挂钩的，劣质的赠品会让客户对产品的质量产生怀疑。因此，赠品的质量绝对不能打折。

❷赠品要有含金量

我们在做促销活动时，要么不送赠品，要送就要送含金量高的。当然，我们在选择赠品时，要结合自己的财力水平，在自己的能力范围内尽量选择好一些的赠品。我们也可以按"少量、高价"的原则去选择赠品。

例如，笔者有一个朋友小胡，他在朋友圈卖手机。有一次，他推出了一个"买手机送电脑"的活动，活动规定前三个下单的客户可以获赠一台品牌笔记本电脑。短短一小时内，小胡就收到了80多个订单，在这次活动中，小胡获得的利润远远高于三台笔记本电脑的价值。

含金量高的赠品可以帮助商家提升销量，还可以在朋友圈造成轰动效应，吸引更多的关注。

❸赠品要有品位

我们给客户提供的赠品还要有品位，既能让客户获得物质上的实惠，又要让他们产生心理上的优越感。有品位的赠品能增加客户对产品的满意度，也能很好地提升品牌和商家的形象。不过，我们在选择赠品时，要迎合整个目标人群的喜好和品位，而不是个别客户的实际需求。说到底，赠品是为销售产品服务的，我们要分清主次，在保证赠品的品质、含金量和品位的同时，也不能让赠品凌驾于产品之上。

5.4.5 用积分"种草"：一点一滴的诱惑

购物积分是根据顾客的购物金额赠送的，当积分累积到一定数额之后，可以兑换礼品或抵算部分购物金额。各大超市和商场都会通过购物积分给客户优惠。购物积分不仅能帮商家留住老顾客，而且能吸引一部分新顾客，提升客户的留存率。

我们在微信朋友圈卖货的时候，也可以采用购物积分的方式，让客户享受一点一滴的实惠。目前，市面上有很多第三方平台可以帮助商家搭建积分系统，我们如果有这方面的需求，可以寻找这样的第三方平台，付出一定的费用，搭建一个客户积分系统。

当客户有了购物积分以后，商家应该怎样运用购物积分做营销呢？我们可以从以下几个方面入手。

❶用积分促进多次回购

我们可以利用积分来吸引客户回购，如积分抵现金、积分换购等，还可以在新品上市时提醒客户使用积分。当客户有了一部分积分以后，就会想办法把积分用掉，他们会认为让积分白白过期是一种浪费。我们可以把积分看成和客户之间的纽带，只要这条纽带一直存在，我们就能利用积分让客户多次重复购买。

❷用积分吸引新客户

我们让老客户帮忙推荐新客户，并奖励他们一定的积分，这样不仅能让老客户享受更多积分优惠，也能让我们得到更多新客户。

❸积分与促销组合

积分还可以配合其他促销活动使用，这样可以最大限度地发挥积分的作用，以提升客户的购物热情。例如，我们可以在朋友圈发布信息："3周年店庆，老客户免费赠送100积分。积分可抵现金。"这样一定能吸引很多客户。

给客户"种草"的方法还有很多，以上几种只是为大家提供一个思路，希望大家能够拓展思路，想出更多的"种草"方法。

5.5 引导买单，让朋友圈"批发式成交"

有时候，成交距离我们只有"一步之遥"，但是有很多客户都迟迟无法迈出这"一步"，他们会在成交的前一刻产生犹豫和怀疑。面对这种情况，我们必须掌握一些成交技巧，在最后一步引导客户，坚定他们买单的决心。

在本节中，将和大家分享几大成交技巧，希望大家能够把这些技巧运用到实际经营当中。

5.5.1 了解客户背景，洞察客户需求

成交的首要条件就是了解客户，只有了解客户，我们才能洞察客户的需求，抓住客户的痛点。我们要从社会背景、家庭背景和职业背景这三个方面来了解客户。

首先，我们要通过客户平时的言行和人际交往来了解客户的社会背景。如果客户有较高的社会地位，并经常与政商界人士来往，那么，他们会对产

品的品质和品牌有更高的要求，我们在推荐商品时就要选择一些比较高端的产品。

其次，我们还要了解客户的职业背景，如客户所在的行业和公司、从事的具体工作、在公司担任的职务等信息。通过了解这些信息，我们就能粗略地了解客户的收入水平。对于中低收入水平的客户，我们要多推荐性价比高的、优惠力度大的产品。

最后，我们还应该在条件允许的情况下了解客户的家庭背景，如家庭关系、家庭成员的工作等。了解这些信息能帮助我们深度挖掘客户需求，以及拓展新客户。

掌握客户的信息，对于判断客户的购买意愿及需求是非常有利的，而且能让我们在说服客户时更有针对性。

5.5.2 掌握必要的成交话术

相信很多在朋友圈做微商的朋友都遇到过这种情况：前期跟客户沟通得很顺畅，客户也有很强的购买意愿，可是到了成交环节总是功亏一篑。这些微商朋友不能顺利成交，不是因为他们的产品不好，也不是因为他们不努力，而是因为他们没有掌握成交话术。

如果我们想要与客户顺利成交，就必须掌握一些有效的成交话术，当客户发出成交信号时，准确有效的话术能帮助我们更顺利地促成交易。笔者认为，必须要掌握的成交话术主要有三种，一种是直接型，另一种是旁敲侧击型，还有一种是施压型。

❶直接要求成交

当客户流露出强烈的购买意愿时，我们就可以直接要求成交。直接要求成交可以缩短客户徘徊犹豫的时间，降低流失概率。

例如，当客户发出"听朋友说你家东西质量不错""我看中你店里的一件产品，最近有没有优惠活动"等类似的成交信号时，我们就可以直接回复："您眼光真不错，这件产品是我们店里卖得最好的，现在下单的话，我可以马上帮您安排发货。"

不要害怕和客户提"成交"，客户向我们咨询产品信息，就说明他们有需要，这种直截了当的方式反而能让客户坚定购买的决心。

❷旁敲侧击，化解疑虑

有的时候，客户已经决定要购买商品，可是心中还有一些疑虑，我们可以通过旁敲侧击的方式来化解客户的疑虑，并成功促成交易。假如客户对价格有疑虑，我们可以采取以下方法来打消他的疑虑。

一种方法是，再次强调产品的价值，让客户感到物有所值。例如，一位准备购买护肤品的客户认为产品太贵，因此犹豫不决。这时，我们可以说："我们店里的护肤品虽然贵一些，但都是大品牌，而且绝对是正品，我们承诺假一赔十。这瓶面霜可以使用三到五个月，如果把价格平摊到每个月其实没有多少钱，还不够您买一件衣服的。再说了，买护肤品是对青春和美丽的投资，只要买对护肤品，您的投资就会有回报。"如果客户仍然犹豫不定，我们可以给予适当的优惠和折扣，把对方发展成长期客户。

除了价格，客户还有可能产生其他的疑虑，我们要对症下药，灵活地变换自己的话术。总之，我们的最终目的是打消疑虑，促成交易。

❸巧妙地向客户施压

如果经过多次沟通，客户仍然迟迟不肯下决心买单，我们可以用"最后通牒"的形式向客户施压。例如，我们可以给客户一个最后期限，让客户在这个期限之前做出决定。这种方法在必要的时候能起到很好的效果，但不应该经常使用。

5.5.3 利用从众效应，引导客户下单

"从众效应"是指个人受群体和舆论的影响，对大多数人的行为和态度表示认同和追随的效应。我们在朋友圈做生意时，也可以利用从众效应，让客户自发地购买我们的产品。那么，我们应该怎样利用从众效应呢？

❶发动家人和朋友充当"群众"

在进行朋友圈营销的初期，大家对我们的产品很陌生，不敢轻易购买。这时，我们就需要有人来帮忙打开局面，做第一个顾客。有了第一个"吃螃蟹"的人，后面观望的客户才会跟着下单购买。

那么，怎样找到"第一个顾客"呢？我们可以请自己的家人和朋友来帮忙，让他们充当"群众"的角色，引发朋友圈里的从众效应。

❷保证事例真实、具体

很多人都了解从众效应，在销售时也会加以运用，他们会对客户说："这个产品很受欢迎，很多人都在用。"可是这样的例子太过苍白，丝毫没有说服力，客户需要看到更真实、更具体的例子。

客户的从众心理是建立在例子真实可信的基础上的，我们千万不要看轻客户的判断力，有些见多识广的客户可能比我们更专业，所以，我们提供给客户的例子应该是真实的、可查证的。我们要记住，只有真实的感受和体验才能打动客户。

5.5.4 制造紧缺感，坚定客户的购买决心

适当地制造紧缺感也是一种很好的成交技巧，这样做能帮助客户坚定购买的决心。我们可以用下面两种方法来制造紧缺感。

❶限时折扣

打折促销的广告在生活中随处可见，消费者最喜欢的也是打折商品，

"双十一""黑色星期五"等大型折扣促销活动已经成为购物狂欢节。为什么人们这么喜欢抢购打折商品呢？这是因为大家都害怕自己买不到便宜的商品，认为"买到就是赚到"。而限时折扣活动正是利用了人们的这种心理。

我们也可以在朋友圈中展开现实折扣、限时秒杀等优惠活动，用"最后一天""仅限两天"等信息来制造紧迫感，促使客户快速下单购买（见图5-5）。

图5-5　朋友圈的限时促销活动

❷制造产品脱销的氛围

很多商家会在朋友圈中发布这样的信息："今天的100件产品已经售罄，没买到的顾客只能等明天了。""货源紧张，过几天才能到货，需要的顾客可以提前订货。先订先得。"这些信息只有一个作用，那就是告诉客户产品非常受欢迎，催促顾客抓紧时间购买。

我们也可以借鉴这样的做法，在朋友圈中制造产品脱销的氛围，让客户认为产品十分紧俏，进而坚定购买的决心。

5.5.5　巧妙应对客户的拒绝

无论买什么产品，都少不了被客户拒绝。客户拒绝我们的原因有很多，有可能是他们不需要我们的产品，也有可能是因为他们不信任我们，或者心中存有疑虑。面对客户的拒绝，我们要坦然面对，还要积极应对。

首先，我们要弄清楚客户拒绝我们的原因，并针对这个原因与客户再次沟通，争取打消疑虑。有的客户表示拒绝并不是真的不想购买，他的拒绝只是一种策略，他真正的目的是获得更多的优惠。

其次，当客户明确拒绝时，我们不妨退一步，暂时先不提让他买产品的事，也不要再次介绍产品，因为此时客户是听不进去的。我们可以先转移话题，安抚客户情绪，后面再找机会与客户沟通。

最后，如果客户真的不想买，就不要死缠烂打，我们要给客户留下一个好印象，虽然这次不能成交，但以后还有的是机会。

无论用什么方式卖货，成交都是一门学问。我们除了学习以上技巧，还要多总结经验，争取让朋友圈形成"批发式成交"。

第6章

兴趣变现：玩也是一种生产力

马化腾说："玩也是一种生产力。"边做喜欢的事边赚钱是我们每个人都想达到的状态。怎样才能把兴趣变成赚钱的手段呢？怎样才能让自己在喜欢的领域做出成绩呢？兴趣能不能作为创业的方向呢？这些问题的答案都是肯定的，只要你能把兴趣和擅长的事结合起来，创作出有趣的内容，并建立起个人IP，离边玩边赚钱的那一天就不远了。

6.1 发现"甜蜜点",找到变现方向

马化腾曾经说过:"玩也是一种生产力。"的确,兴趣也可以成为我们赚钱的方式。笔者的一位朋友从2017年开始在喜马拉雅上讲书,至今已经讲了两年多,并且收获了一批忠实的粉丝,也通过广告实现了变现。

这位朋友之前是做自媒体的,他做过公众号、百家号,甚至短视频,但都没有成功,只有这个讲书的专栏一直坚持了下来,为什么呢?因为他的兴趣是读书,财经类、历史类的书籍他都很喜欢,而且他整理信息、分析信息的能力也很强。他在兴趣和能力之间找到了重合点,成功地把兴趣变成了自己赚钱谋生的手段。

用兴趣赚钱是每个人的梦想,我们都希望能做自己喜欢的事,把有限的热情投入到无限的热爱当中去。为了帮助大家实现这个梦想,本章笔者就要和大家聊一聊兴趣变现,探讨一下用兴趣赚钱的方法。

实现兴趣变现的第一步就是找到自己的"甜蜜点"。"甜蜜点"本来是一个高尔夫球领域的专业名词,是指高尔夫球杆上的最佳击球点,只有击中这个点,才能打出好球。对于兴趣变现来说,"甜蜜点"就是兴趣、热情和专业知识、技能的最佳结合点(见图6-1)。

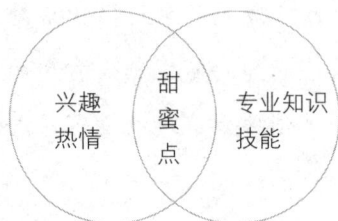

图6-1 兴趣变现的"甜蜜点"

美国有一位叫作安迪·施耐德的养鸡专业户就通过找到"甜蜜点"，实现了兴趣变现，成为一位传媒大咖。

原本，施耐德只是在自家的后院养鸡，他的客户也只是周围的亲戚朋友，后来他开始通过电商平台出售自己的鸡。令施耐德没想到的是，电商平台上的很多人都对养鸡技术产生了兴趣。于是，善于抓住机会的施耐德组织成立了线下社群，他和粉丝们每月见一次面，进行聚餐和交流，并分享自己的养鸡心得。这种线下聚会很受粉丝的欢迎，社群的成员也越来越多。

施耐德希望能把养鸡经验传授给更多的人，也想聚集更多的粉丝，所以他成立了"相约网"，并开始在线上解答和养鸡相关的问题。在施耐德的网站里聚集了成千上万志同道合的人，他们亲切地把施耐德称为"鸡语者"。慢慢地，"鸡语者"成为施耐德的个人品牌。

随着"鸡语者"施耐德的名气越来越大，粉丝越来越多，当地的报纸和电视台都注意到了他。施耐德不仅接受了电视台的采访，还登上了报纸。后来，施耐德把他的事业版图扩展到了图书出版、杂志出版、视频节目等领域。如今，他的视频频道已经运营了近7年，每周的订阅量都超过2万。施耐德还在赞助商的支持下，在全美开展了巡回演讲。

安迪·施耐德之所以能获得成功，是因为他找到了自己的"甜蜜点"。他的"甜蜜点"是养鸡技术和教学热情结合产生的。

那么，我们怎样才能向"鸡语者"一样，找到自己的"甜蜜点"呢？下面为大家介绍发现"甜蜜点"的三大步骤。

6.1.1 第一步：确认自己的专业和技能

发现"甜蜜点"的第一步是找到自己擅长的专业知识和技能。例如，一个人是互联网营销专家，同时又精通视频的制作和剪辑，还有音乐方面的才华和兴趣，那这个人就是一个多面手。他可以选择任何一个自己擅长的领域来发展事业。有的人一定会说，普通人没有这么多专业和才艺，怎么办？

这个时候我们可以从自己的专业和本职工作入手去挖掘自己擅长的知识和技能。假如你是一个平面设计师，你可以从绘画和设计方面去挖掘自己的才能；假如你做的是文案或者写作类的工作，你可以从文学创作方面去挖掘自己的技能。

我们可以展开头脑风暴，把自己擅长的东西一一列举出来，想到什么就写什么，多多益善。只有找到足够多的知识领域，我们才能获得更多的可能性。

6.1.2　第二步：找到自己的兴趣爱好

乔布斯曾说："你必须找到自己钟爱的事情，因为做好一件事的唯一方法就是喜欢。如果你还没找到的话，那就赶快去找，不要停！"

这个观点与兴趣变现的目的不谋而合，知识与技能只是前提条件，而兴趣和热情才是持久的动力。正因为有了这股动力，很多创业者愿意用几年时间专注在一个领域，愿意用几个月的时间打磨一个内容。

发现"甜蜜点"，就是把自己的知识、技能和兴趣一一列举出来，然后把它们组合起来。不过，组合的过程需要一些灵感，说不定在某个灵光乍现的瞬间，你就能找到一个绝妙的创业点子。当然，灵感的迸发也需要准备。如果你对某个领域完全不了解，空有热情是很难做出成绩的。同样地，没有热情也很难打动用户或读者。

我们必须时刻牢记，"甜蜜点"是知识技能和兴趣的结合点。

6.1.3　第三步：激活并挖掘自己的"甜蜜点"

有一位创业者朋友曾问笔者："为什么我一直很用力地推广自己的产品和自媒体，可粉丝却不增反降，销售转化率也越来越低呢？"

听了这个问题以后，笔者反问朋友："你的产品和内容是面向谁的呢？"

他说："我的目标用户是年轻白领女性。"

笔者听了他的回答后，说："我知道你的问题在哪儿了。你没有清晰的目标用户画像，所以无法激发'甜蜜点'。"

朋友不服气："我有目标用户啊，是年轻白领女性。"

笔者告诉他："这是一个伪目标用户，太宽泛了，不够清晰。白领女性有这么多，她们还可以划分成不同的群体，你要找到真正的目标客户。"

很多人都像笔者这位朋友一样，找到"甜蜜点"后就不再深入，而是盲目地开始自己的项目，沉浸在"自娱自乐"的状态里。他们写出的文章、拍出的视频、做出的产品都是自说自话，根本没有人愿意买单。

想要自己的事业能够做下去，就要用目标用户激活"甜蜜点"。换句话说，就是要弄清楚你做出来的东西是给谁看的。我们可以问自己下面三个问题。

第一个问题：我的用户是做什么的？他/她的生活方式是什么？

第二个问题：他/她目前需要什么？什么产品？什么内容？什么服务？

第三个问题：他/她为什么要关注我们的产品、内容或服务？

只要清楚这三个问题的答案，我们就能得到基本的用户画像。我们的产品、内容或服务必须是为目标用户量身定制的，所以我们的目标画像可以不完美，但必须清晰、具体。只有清晰的用户画像才能成功激活"甜蜜点"（见图6-2）。

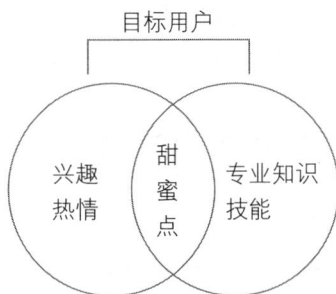

图6-2 用目标用户激活"甜蜜点"

只有明确目标用户，我们才能清晰地掌握他们的需求，并为他们节省更多时间、带来更多价值。让我们一起回顾本节开头的几个案例，笔者的朋友把自媒体行业的知识和技能与读书的兴趣结合起来，找到了自己的"甜蜜点"，再加上粉丝和用户这个激发"甜蜜点"的因素，使他成为一位收入稳定的喜马拉雅主播。

"鸡语者"安迪·施耐德发现自己的"甜蜜点"以后，又找到了渴望学习养鸡技术的目标用户，于是他成功转型成为媒体大咖。只有加入"目标用户"这个元素，"甜蜜点"才能具有真正的意义。

在发现并激活"甜蜜点"以后，我们就可以开始着手设计自己的内容策略了，我们要明确自己应该做哪方面的内容，是拍短视频还是写文章。我们做内容的目的是变现，以后不管是接广告还是推产品都要依靠内容，所以我们一定要事先设计好内容框架。一般来说，内容框架分为以下几个部分。

目的/使命：做内容的目的，要达到什么样的目标。

目标用户：越具体越好。

职能/头衔：我们对目标用户来说是什么身份。

主要价值：能为用户提供什么价值。

内容领域：内容涉及什么领域，主要是哪方面的内容。

明确内容框架，对我们接下来的步骤是很有帮助的。通过内容框架，我们可以对自己要做的事情有一个大致的概念和方向，在后期寻找内容"翘点"和推广渠道时，目标会更明确。

6.1.4 有产品了，怎样建立"甜蜜点"

前面提到的所有内容都基于一个前提：没有产品，所解决的问题也是"创业者如何从零开始找到'甜蜜点'"。但是，如果你已经有了一家公司，也有了比较成熟的产品，那么前面的步骤可能就行不通了，必须用另一种方法来找"甜蜜点"。

我们可以用客户需求来代替热情，用产品和服务来代替专业知识和技能，这么做的原因是什么呢？因为企业创始人或员工的知识技能和兴趣可能与产品的用户毫不相关。例如，一家电商公司的创始人和员工精通互联网运营，对新零售业务很感兴趣，但是用户的需求却是商品品类更多、快递更快。所以，当我们有了产品时，"甜蜜点"应该变成用户需求和产品、服务的结合点（见图6-3）。

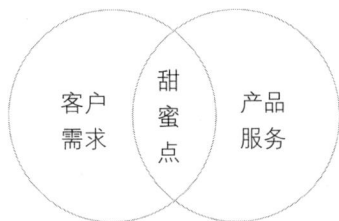

图6-3 有产品情况下的"甜蜜点"

在有产品的情况下，"甜蜜点"可以被概括为三个维度，它们分别是范围、深度和形状。

范围是指"甜蜜点"覆盖的范围。"甜蜜点"必须要集中在一个领域，还要对该领域实现全面覆盖。

深度是指对"甜蜜点"的挖掘深度。只有把产品和服务做到极致，或者把内容做到极度垂直，才能深度满足用户的需求。

形状是指"甜蜜点"的变化。产品和服务会迭代升级，用户的需求也会发生变化，"甜蜜点"当然也不可能一成不变。

本节中提到的两种"甜蜜点"模型适用于不同的情况，我们要看看哪个更适合自己。在找到"甜蜜点"以后，我们所有的内容都要围绕它去打造，只有这样我们才能有长久的热情和动力。

6.2 找到"翘点"，打造有竞争力的内容

上一节中，我们讲到了兴趣变现的"甜蜜点"。虽然"甜蜜点"是兴趣变现的基础，但是内容"翘点"才是吸引粉丝的秘密武器。即使再俗套的题材，有了秘密"翘点"也能摇身一变成为吸引眼球的热门内容。如果找不到内容"翘点"，那么我们的内容迟早会被人遗忘。

笔者所看到的很多内容创业者和兴趣变现者都在重复生产已有的内容。网络上也充斥着重复的内容，只要在搜索栏输入"营销"，成百上千条关于营销的内容会立刻出现在我们眼前。但是这些内容中的大多数都是雷同的，只有极少数内容是非常有价值的。

假如你喜欢手工，想做一个手工相关的微博，可是市面上已经有了无数个手工类账号，粉丝凭什么关注你呢？你的内容和别人有什么区别？你的内容比别人的更有趣吗？如果不能弄清楚这几个问题，那么你的兴趣创业之路就会变得很艰难。

如果想要让自己的兴趣成功变现，我们就要做别人没做过的领域，或者在已有的领域做出与众不同的东西。要做到这一步，我们就必须找到内容"翘点"。

6.2.1 什么是内容"翘点"

内容"翘点"有两重含义，第一重含义是指与众不同的表现方式，第二重含义是内容领域更聚焦、更垂直。

❶ 与众不同的表现方式

现在大火的papi酱也曾有过名不见经传的时候。早期她曾在多个平台发过搞笑短视频，可是效果都很不理想。直到她拍出了一系列"一人分饰多个角色"的搞笑吐槽视频后，才在网络上大红大紫。

其实，papi酱在后期做的内容和以前是一样的，都是搞笑类视频，只是换了一个表现形式，就给粉丝留下了深刻的印象。这种与众不同的表达方式，就是papi酱的内容"翘点"。

❷聚焦更细分的领域

我们的内容必须要聚焦更垂直的细分领域，只有这样才能准确地定位内容，解决粉丝真正的问题。例如，做美妆的人有很多，但是做创意美妆的却很少，而在创意美妆的领域还可以细分为特效化妆、明星仿妆、艺术美妆等内容。只有深挖垂直细分领域，才能从众多雷同内容中脱颖而出。所以，聚焦细分领域也是内容的"翘点"。

2018年，有一位另类"网红"突然大火，他的名字叫耿哥。他是一位喜爱发明创造的手工"达人"，他制作的东西大多数都很有趣但却没有任何实际用途，被网友们称为"无用良品"。可是，这些无用但有趣的发明却让耿哥从快手火遍全网。

耿哥（见图6-4）原本是一个工厂的电焊工，他不仅心灵手巧而且很有自己的想法。为了做自己想做的东西，耿哥辞掉了工作，回到了老家开始动手创造发明，并拍摄了一系列视频。慢慢地，耿哥收获了越来越多的粉丝，人们称他为"保定爱迪生"。而且，他还在淘宝上开了店铺，专门拍卖自己的作品，很多作品都以高价拍出。成名后的耿哥还接了不少广告。如今，耿哥已经把自己对手工的兴趣做成了事业，真正实现了兴趣变现。

耿哥之所以能够成功，是因为他找到了自己的内容"翘点"，那就是聚焦垂直细分领域。做手工相关内容的人有很多，但是做"无用良品"的人却很少。耿哥的粉丝们甚至笑称："耿哥出品，必属废品。"这样独一无二的视频内容和"硬核"手工作品，让耿哥很快实现了兴趣变现。

图6-4 爱手工、爱发明的"网红"耿哥

6.2.2 如何找到你的内容"翘点"

罗振宇曾说过:"内容产业有个残酷的逻辑,叫头部效应。"什么是头部效应呢?能占领用户时间的内容才能称为头部内容。打个比方,著名钢琴家郎朗的演奏会门票2 000元一张,而一个普通钢琴老师的演奏会门票只要20元一张。虽然两者之间的价格存在很大差异,但是很多人仍然会选择去听郎朗的演奏会。因为他们认为郎朗的演奏会是最好的,是最有价值的。这就是头部效应。

用户只会把时间投入到有价值的、最好的内容上,但是要占据细分领域的塔尖并不容易。很多创业者都知道自己应该在什么领域耕耘,应该创作什么内容,但是总感觉缺点什么,很难真正脱颖而出。这是因为他们没有找到自己的内容"翘点"。

那么,如何找到自己的内容"翘点"呢?下面有三个策略可以供大家参考。

❶策略一:新闻发布演练法

新闻发布演练法来自亚马逊公司。该公司每次发布新产品之前,都会要求相关员工模拟产品已经成功上线的情景，写一篇新闻稿。这种方法的好处是能够把我们想到的点子具象化，可以帮我们更快地找到内容"翘点"。

新闻发布演练法的核心要点如下：

（1）标题。让读者对内容或产品产生兴趣，并迅速理解大致含义。

（2）副标题。告诉读者我们的内容或产品能为他们带来什么价值。

（3）梗概。总结内容或产品的要点和价值点。

（4）问题/引言。告诉用户和读者，我们的内容会帮他们解决哪些问题。

（5）正文。描述我们的内容或产品有哪些优势，并给出用户证言，对我们的观点加以佐证。

（6）结语。总结全篇，并为读者或用户指明行动方向，即订阅内容或购买产品。

新闻发布演练法可以在以用户为导向的前提下，为我们完善想法和细化目标。在这个过程中，我们能更快地找到内容"翘点"。

❷策略二：借助互联网工具发现内容"翘点"

有很多互联网工具都是很好的内容"翘点"搜索工具，但是它们往往很容易被人们忽略，如百度指数、微信指数、谷歌趋势等，这些工具可以帮助我们了解人们感兴趣的话题。

我们只要在百度指数的搜索栏中输入一个词，就能查看这个词的搜索指数、咨询指数、人群画像和需求图谱等内容。我们可以从中找到很多灵感，也可以挖掘出更多的细分领域。

现在我们以"写作"为例，来看看百度指数的使用方法。假如，你是一个热爱写作的人，想在知乎开一个账号分享写作心得，并建立社群。可是，市面上已经有了很多同类型的账号，你应该怎样找到一个既垂直又有需求的细分领域呢？

你可以在百度指数的搜索栏中输入"写作"，结果显示这个词的搜索指数总体呈下降趋势（见图6-5），证明人们对于学习写作的总体需求并不高。

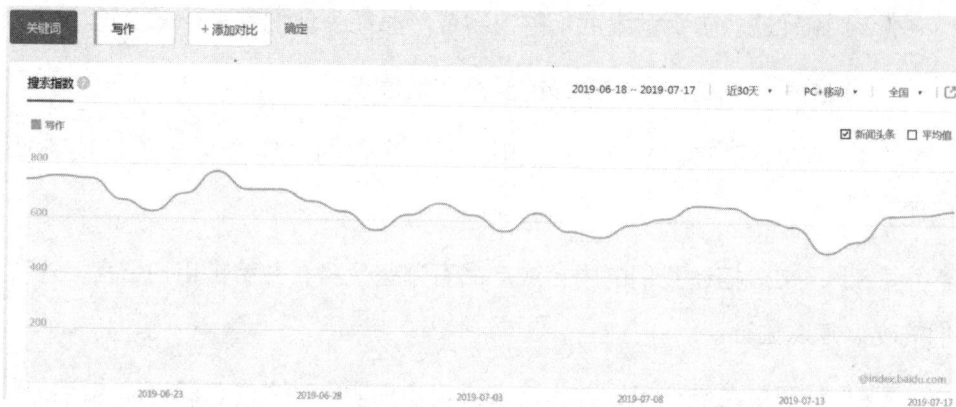

图6-5　关键词"写作"的搜索趋势（百度指数）

不过别灰心，我们可以再看看"需求图谱"。在需求图谱中，我们可以看到"雅思""合同""软件""经济""文章""民事"等相关词汇的搜索趋势都呈上升趋势（见图6-6）。

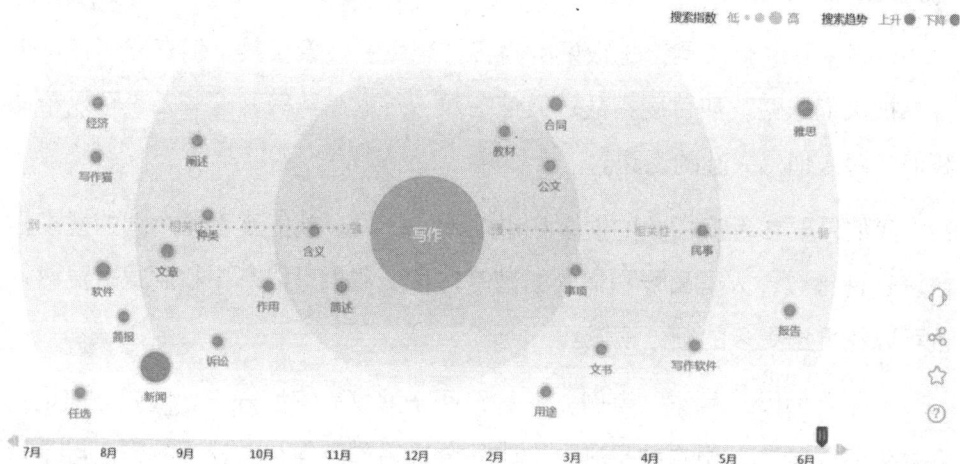

图6-6　关键词"写作"的需求图谱（百度指数）

通过研究"写作"的百度指数，我们可以得到一个结论：写作这个话题太过宽泛，我们必须另辟蹊径，找到更加垂直细分的领域。而我们从需求图谱中了解到，目前比较受关注的写作话题有"雅思写作""合同写作""经济相关内容写作"等，那么我们可以围绕这几个话题来寻找自己的内容"翘点"。

❸策略三：做用户调研

做用户调研是最简单也最直接的方法，但是却很容易被忽略。很多内容创作者和创业者都从未对用户做过任何形式的调研，他们也因此而错过了不少好点子。

我们应该重视这个被大多数人忽略的方法，抓住各种机会与潜在用户交流。无论是面对面交流，还是通过各种调查问卷和潜在用户接触，我们都应该定期去做，只有这样才能掌握用户需求的第一手资料，这对我们发掘内容"翘点"是非常有好处的。

凡是有经验的内容创作者，都会"潜伏"在用户群体中，收集各类反馈和意见，并找出目标用户最需要的内容"翘点"。下面这些手段可以帮助我们深入用户群体，并及时获得有效的反馈：

（1）一对一谈话。任何方法都不能代替和用户面对面的互动和交谈，因为它能给我们最直接的反馈。可是这种方法的效率比较低，实施难度也比较大。有时候，我们可以退而求其次，用建立社群的形式来和用户直接交流。

（2）关注热点。我们可以通过热点信息来了解目标用户对什么感兴趣，社交媒体上的热门话题也可以告诉我们用户正在讨论和关注哪些话题。

（3）数据分析。通过分析后台数据，我们可以了解用户的浏览记录，以及他们对内容的不同偏好。

（4）用户调研。网上有很多问卷调查工具，我们可以借助它们来进行用户调研，进一步了解和收集目标用户的需求。

以上就是寻找内容"翘点"的三大方法，希望能对大家有所帮助。如果你已经有了产品，那么你在寻找内容"翘点"时，还要把产品的特点考虑进去，只有把产品、内容、需求三者结合起来，才能找到真正的内容"翘点"。

6.3 选择一个核心渠道

在互联网技术的加持下，很多传统行业都在经历解构和重组，"大平台+小老板"的模式被运用在各行各业。这种现象让社会逐渐趋于扁平化，个人能够从组织中脱离出来，借助平台的赋能，用自己的努力和天赋，实现自我价值。

大大小小的平台给了我们普通人创业的机会，让我们可以把自己的兴趣变现。所以，选择平台就是选择最适合自己的渠道。在起步阶段，我们要选一个核心渠道，把它作为自己的大本营，在这里积累流量和资源，等到时机成熟以后，我们才能继续拓展其他的多元化渠道。

在一开始就注册所有平台的账号，不仅会让自己分身乏术，还会分散流量和资源，无法形成影响力，这对兴趣变现是非常不利的。所以，我们必须选出一个核心渠道，并认真地发展它。

6.3.1 用"交付"思维选择渠道

渠道的选择取决于内容的形式，不同的内容要"交付"到不同的渠道。"内容交付"是罗辑思维的创始人罗振宇提出的概念，它是指知识和内容必须以用户为中心，创作者要把内容交付到用户的眼前和心里。

那么，我们要怎样才能把内容更好地交付到用户手中呢？首先，我们要考虑内容的表现形式，是文字、图片、视频，还是音频？其次，我们要考虑内容的传播渠道。目标用户在哪里，我们就在哪里传播，在哪里交付。

罗辑思维在创始初期选择了微信公众号平台，他们每天在公众号推送一条60秒的语音。之所以选择微信公众号作为核心渠道，是因为在2013年还没有比较成熟的音频内容平台，而且当时的微信公众号正处在红利期，有大量的用户和流量，是最好的选择。

6.3.2 常见的内容类型和渠道

内容形式和渠道之间有着十分紧密的联系，好的内容形式更有助于我们把内容交付给用户，而且能够适配更多种类型的渠道。根据相关机构的调研，目前有下面几种内容形式是比较普遍而且受欢迎的。

❶图文

从门户网站时代开始，图文内容就占据了内容的半壁江山，公众号、微博、知乎等社交媒体或问答平台是图文内容的主要渠道。图文内容的种类丰富，可以呈现故事、新闻、调研报告、分享感悟等多种类型的内容。用户对图文内容接受度也很高，最重要的是图文内容可以通过多种渠道传播。

❷视频

视频是表现力最强的内容形式。手机功能的日益完善，也降低了视频拍摄和制作的门槛，非专业人士也能制作和分享视频内容。热门的长视频网站有爱奇艺、腾讯视频、优酷土豆、哔哩哔哩等，短视频领域也有抖音、快手、秒拍、小咖秀这样的平台。

❸音频

随着场景营销的深入，音频这类可以解放双手的内容形式也渐渐走进了人们的视线。因为音频的使用场景非常丰富，不管是在下班路上还是在厨房里，甚至在健身房锻炼时也可以听。而且，相比已经过度饱和的视觉内容，音频内容目前还处于短缺状态，还有很大的发挥空间。

目前比较火爆的音频内容平台有微信读书、企鹅FM、喜马拉雅等，这些平台包含的音频内容有很多种，包含咨询、娱乐、人文、科技、情感等频道，我们可以从中选择适合的频道来发布自己的内容。

❹直播

在前文多次提到过的直播也是一个重要的内容载体。直播平台更是数不胜数，如大家很熟悉的斗鱼、虎牙、YY等，抖音和快手这样的短视频平台也开通了直播功能，电商平台淘宝和京东也可以直播卖货。各大直播平台也有各自不同的特点，斗鱼、虎牙以游戏直播为主，YY主打娱乐类直播。我们可以根据自己的内容来选择合适的平台。

6.3.3　你能掌控渠道吗

选择核心渠道时，我们除了要考虑内容的形式和类型，还要考虑自己对渠道的掌控力。打个比方，如果创业者选择自建网站，并将网站作为核心渠道，那么他就对自己的核心渠道有着绝对的掌控力。可是自建网站也有一个弊端，那就是吸粉和引流的难度很大，需要重新建立一套吸粉体系。

选择社交媒体平台作为核心渠道就不存在这个问题。因为社交媒体平台都有巨大的流量池，还有相应的推荐算法，我们只需要创作好内容，就能够吸引一部分粉丝的关注。可是把社交媒体平台作为核心渠道也会面临一个问题，那就是对渠道没有任何掌控力。我们的账号有可能被封，我们的内容有可能被下架，频道也有可能被关停，平台也有可能突然不再推荐我们的内容。

难道我们不能把社交媒体平台作为核心渠道吗？当然不是！我们可以把社交媒体平台作为核心渠道，不过我们必须遵守平台的规则，创作的内容也要符合平台的调性。当我们在社交媒体平台上积累了一定的粉丝以后，就可以开始发展自己的专属渠道。罗辑思维就是一个很好的例子，在经过四年多的社交媒体账号运营、积累了一千多万名粉丝以后，运营人员开始把粉丝导向自己的专属渠道"得到App"，这么做可以让运营方对渠道拥有绝对的掌控力。

选择核心渠道的关键在于内容的形式。当我们选择了核心渠道以后，还要在适当的时机把粉丝从平台转移到自己的专属渠道。

6.4　多元拓展，建立个人品牌

多元化拓展是成长的必经之路，我们要借助多种社交媒体渠道把内容推广出去。我们可以把自己的内容想象成一只章鱼，渠道就是章鱼的触角，每条触角都可以接触不同数量的目标用户，有了这些用户，我们才能成功变现。在本节中，我们将一起探讨如何进行多元化的渠道拓展。

6.4.1　哪些渠道适合你的创业项目

我们应该首先选出重点渠道，而选择重点渠道的原则只有一个，那就是潜在用户在哪个渠道我们的内容就要发布在哪个渠道。渠道的形式日新月异，我们要大胆尝试，结合自己的内容和运营能力选出最有效的渠道进行多元化拓展。关于渠道的拓展，有以下三点建议。

❶可以先注册一个小号进行试水

刚开始我们可能对渠道拓展没有一个清晰的计划，这时候就可以先用小号进行尝试。如果渠道适合就可以注册正式的大号，如果不适合就可以放弃。

❷对渠道进行排序

我们应该花一些时间和精力对渠道进行测试，在测试的过程中我们可以淘汰一些不适合的渠道，并发现一些新的渠道。

❸为每个渠道定制内容

不同渠道的运营方式大不相同，可是很多人都没有意识到这一点，他们会在所有的渠道中发布一样的内容。这种做法只会令粉丝厌烦，我们应该针对渠道的特点来重新规划和编辑内容，用不同的运营方法在我们优选的多元渠道中传播。

6.4.2　主流社交媒体的运营方法

为了让大家更好地做出选择，下面将列举一些主要的社交媒体渠道，以及这些运营渠道的关键事项。

❶微信

微信公众号是做内容绕不开的话题。目前，它仍然是人们使用率最高的社交媒体平台。微信公众号的优点有很多，这里就不一一介绍了，只围绕内容来谈谈微信公众号的几个运营要点。

（1）控制字数。考虑到手机屏幕的大小和人们碎片化的阅读习惯，一篇公众号文章的字数应该控制在2 000字左右。内容也不应该过于深奥，要让读者在轻松的状态下阅读。

（2）灵活运用多种内容形式。公众号可以呈现多种形式的内容，如文章、漫画、语音、短视频等，可以满足不同用户的需求。例如，罗辑思维的公众号里就有文字、语音等多种不同的内容形式。

（3）对内容二次加工。创作公众号内容时可以运用二次加工的方法，对已有的内容进行整合和重塑，这种方法可以让我们在短时间内就生产出一篇新内容。我们可以从以下几个角度来对内容进行二次加工。

案例：我们可以提炼出过往的内容要点，并根据这些要点写出新的案例。无论在什么领域，案例分析都是很受欢迎的内容，如《8大营销技巧玩转"双十一"》。

数据：数据类内容也很适合进行二次加工，不仅可以写成文章，还可以做成精美的图表，也可以成为PPT的重要素材。当我们收集到足够多的行业数据后，还可以制作行业白皮书等重量级内容，形成较大的影响力。

盘点：年终盘点是很受欢迎的一种内容形式，我们也可以对已有的内容进行盘点和总结，如必读书单、年度网络热词、行业趋势大盘点等。

❷微博

微博具有传播范围广、互动性强的特点，如今它依然是各大品牌和机构的首选网络传播工具。在微博的运营中，我们要保证内容的可持续性，还要有一些技巧才能让自己的内容脱颖而出。

（1）与意见领袖互动。除了每天更新粉丝喜欢的内容，我们还要多和意见领袖互动，经常在热门微博下评论和点赞。有时候，一条别出心裁的评论也能让我们成为关注的焦点。

（2）学会讲故事。微博是最适合传播品牌故事的渠道，海底捞在这一点上就做得非常好，它的每条微博都在讲述有关服务品质的故事，并且引起了众多顾客的共鸣。通过微博上的故事，海底捞让自己的高品质服务变得深入人心。

（3）善用微博#话题#。在微博中带上热门的#话题#标签，可以让更多的人看到我们的内容。我们也可以自己独创话题标签，把相关的内容都集中起来，让粉丝可以更快捷地搜索内容。

（4）分享行业资讯。我们可以在微博上分享行业资讯，让感兴趣的粉丝能更快地了解到最新动态。有些行业活动粉丝不能够亲自参加，我们的微博就可以变成粉丝了解活动动态的窗口。

❸视频平台

和文字图片内容相比，制作短视频的难度更高，因此我们在运营短视频平台渠道时，要注意以下几点。

（1）迎合用户喜好。不同视频平台的主要用户群体不同，用户的喜好也不同。例如，抖音平台用户为35岁以下的年轻人群体，而哔哩哔哩的用户则以二次元文化爱好者群体为主。我们制作内容时，要考虑平台用户的喜好。

（2）让视频被更多人看到。我们在运营视频平台渠道时，要多研究平台的规则和推荐算法，还要多研究热门视频，看看哪些标签和话题能为视频带来更大的曝光量，以及哪些内容能获得更多的推荐流量。此外，借助社会热点，也是一个获得更大曝光量的机会。

（3）持之以恒地输出内容。无论在哪个平台，持之以恒地输出内容都是十分重要的。但是，视频平台的娱乐化程度更高，粉丝的注意力也更容易被分散，所以我们必须持续输出优质内容，才能长期吸引粉丝的注意，提升我们和粉丝之间的黏性。papi酱的视频也不是一开始就成为"爆款"的，而是在持续输出的过程中不断调整策略、积累人气，最后才爆发使她成为超级"网红"的。

（4）积极互动。对视频内容来说，和粉丝的互动同样重要。除了在评论区互动，我们还可以建立社群，接受更多直接反馈。

❹问答类平台

利用问答平台，用回答问题的方式来推广内容，也是一个很重要的渠道。目前，比较主流的问答平台有百度知道、知乎、得到等。2018年，知乎的注册用户就已超过了七千万人，月活人次高达三亿，问答平台已经越来受到内容创作者们的重视了。罗振宇也在知乎上注册了账号（见图6-7）。

图6-7　罗振宇的知乎账号

我们在问答平台上发布内容时，应该注意以下几点。

（1）找合适的问题。我们要找到与自己内容相符合的问题来回答，不要"强答"。在问答平台上，"强答"的行为会引起用户的反感。我们回答问题的目的一方面是解决用户的需求，另一方面是塑造自己的形象和口碑，所以我们回答的问题都必须与我们的核心内容领域相关。

（2）答题不忘引流。我们在回答完问题后，一定不要忘记引流的步骤。我们可以留下自己的微博号或微信公众号，并引导粉丝关注。如果没有引流的步骤，我们前面回答的问题就是无用功。

（3）自问自答。问答平台上还可以自问自答。我们可以提一个与自己内容相关的问题，然后回答。为了给问题增加热度，我们还可以邀请"大V"

答题。

❺其他自媒体号

还有很多其他自媒体号可以作为我们的内容推广渠道，如企鹅号、百家号、头条号、简书等。不过，因为开放注册的关系，这些自媒体号客户端上的内容往往良莠不齐。我们如果想要在其中脱颖而出，就要掌握好内容的质量和尺度，用专业可信的形象获取粉丝的信任。

百家号、搜狐号、钛媒体这类自媒体账号的搜索权重比较大，粉丝在搜索引擎上搜索相关内容时，很容易搜到我们的内容。所以如果我们希望粉丝能通过搜索引擎找到我们，就可以开通这类权重比较大的自媒体号。

前文已经提到过，每个渠道都应该有专属的运营方案和量身打造的内容，这点是大家应该牢记的。而且笔者不建议大家在创业初期就覆盖所有渠道，因为扩张速度过快会让内容质量下滑，并导致粉丝流失。

6.5 实现盈利，拿兴趣换钱

众所周知，那些拥有大量财富的人都有多个获取财富的渠道。他们可能拥有多家公司、多处房产，以及数不清的投资渠道，这些渠道让他们的财富翻倍。同样地，那些成功实现兴趣变现的人也拥有多种不同的表现方式，他们也在不断思考新的变现方法。

所以，无论你是创业者还是兼职赚钱者，都要认真考虑自己的表现模式。一般来说，通过内容获利的方法有以下几种。

6.5.1 广告赞助

广告赞助是内容产业的重要变现方式。从广义上看，广告的形式包括以下几种：

- □ 某视频中的广告牌或者店铺，明星手中的道具。
- □ QQ、微信等平台推广的定制表情、主题和皮肤。
- □ 游戏关卡、奖章、榜单中植入的广告。
- □ 各大App的开屏广告。
- □ 搜索引擎中的付费搜索项。
- □ 微博、朋友圈内推送的图文或视频广告。
- □ 淘宝和京东等电商平台中的内容推荐。

广告的种类越来越丰富，植入的手段也越来越多。漫画家左手韩就把自己代言的产品画进了自己的漫画中，使其成为画面中的道具或背景，这种巧妙的植入方法成功带动了产品的销量。与左手韩合作的品牌是御泥坊，"双十一"期间，左手韩在漫画中大量植入了御泥坊面膜产品，吸引了大批粉丝购买该品牌的面膜。

很多人都担心自己无法平衡内容和广告的比例，害怕广告会让粉丝流失。其实，现在广告与内容之间的界限越来越模糊，很多内容创作者都会为品牌定制内容。所以，我们大可不必担心广告会让粉丝流失，只要我们把内容做好，即使是广告也有人愿意看。广告是一种很好的变现方法，既可以维持渠道的正常运转，又可以为我们带来收益。

6.5.2　内容付费

前文多次提到的罗辑思维就是典型的内容付费模式。优质的内容具有绝对的竞争力，完全可以被售卖，粉丝也一定会买单。有些内容创业者也把内容付费作为核心变现手段。

广告变现更看重粉丝的数量，因为粉丝越多，就意味着流量越多，看到广告的人数也就越多。而内容付费对粉丝的质量要求特别高，因为粉丝的质量关系到他们能否成为订阅用户。简单来说，粉丝的忠诚度关系到他们是否愿意为付费内容买单。

其实，内容付费并不是一个新概念。过去，我们订阅杂志、买票看电影都是在为内容付费，只不过现在内容的载体和形式变得更加丰富了而已。

6.5.3 线下活动与周边衍生产品

当我们在线上形成了一定的影响力以后，我们就可以试着把这种影响力转化到线下，通过举办一系列的线下活动来变现，如线下讲座、读书会等。

另外，根据粉丝的评价，结合自身内容的特点，开发周边衍生产品，也是一种重要的变现方式。很多内容创业者的灵感都来自粉丝的评价。他们将灵感与自身的研究实力和开发实力结合，创造出了深受粉丝喜爱的"爆款"产品。

"单向历"（见图6-8）就是这样一款产品。最初，个性书店单向空间就在运营自己的公众号，主要发布一些面向文艺青年的活动信息和优质文章，同时也通过这个渠道倾听粉丝的声音。

图6-8 单向历

可是每年一到春节，公众号的内容制作都会变得很困难。因为编辑和设计师都想早点回家过年，谁都不想在春节期间加班。那么，有什么"偷懒"

的办法既能摆脱加班，又能保证公众号过年期间的更新呢？

答案是日历，他们以老皇历为基础，再加上文艺青年喜欢的经典语录，设计出了独特的日历。春节期间，编辑就发送了七篇日历。没想到的是，这种内容形式居然掀起了粉丝阅读和转发的热潮。于是，单向空间决定把这种形式继续下去。

坚持了近一年后，喜爱日历的忠实粉丝越来越多，单向空间决定推出衍生产品。它发现，市面上还没有一本针对文艺青年的纸质日历产品，这个空白可能正是变现的商机所在，做"单向历"的想法就这么诞生了。之后的几年里，单向历的销售一直十分火爆，还与多个品牌展开跨界合作。

兴趣变现的途径有很多，而且会随着时代的发展不断变化，我们也应该不断探索和尝试新的变现模式。

第7章

知识变现：有才华别浪费，
做下一个"知识网红"

　　管理大师德鲁克说过："下一个社会就是'知识社会'。"而我们也正处在"知识付费"大潮的风口浪尖。版权意识的苏醒和对知识的尊重，让我们更愿意为知识付费，而知识付费行业也即将迎来春天。对于个人来说，知识付费的大趋势让我们每个人都有可能把自己打造成超级的知识IP。只要有才华、有知识、有经验、有变现能力，就能成为下一个知识"网红"。

7.1 知识变现的途径

知识变现，就是通过"售卖"自己在某个领域的专业知识获得经济收益。当然，"售卖"也可以有很多方式，如投稿、出版图书、办培训班等。现在比较流行的方式是做自媒体以及开展线上课程。

互联网的迅速发展让知识变现成为可能。最初，由于互联网处于发展的初级阶段，很多资源都是免费的，人们可以随意下载资料。现如今随着相关法律制度的不断完善，大众的版权意识也得到了加强，越来越多的人愿意为了知识付费，线上学习已经成为一种普遍的学习方式。

那么，我们应该怎么做才能将输出的知识成功变现呢？

7.1.1 找准用户定位

首先，所有的互联网产品想要实现商业变现，前提条件都是拥有一定规模的用户，在互联网出售知识产品也同样如此。因此，在创作内容前，我们一定要明确所创作内容的受众群体。

问题在于，我们应该如何确定目标受众呢？

❶市场需要什么

生产某一产品的前提在于市场需要该产品来解决消费者的某种需求，而不能因为没有需求去创造需求，内容创作也同样如此。因此，在进行内容创作之前，首先要确定市场的需求，只有这样，才会有消费者为了解决自己的需要而买单。当然，买单花费的不一定是金钱，也有可能是时间。

在切入市场时，细分市场可以让我们输出的内容更具专业性，更精准地吸引消费者。同时也要注意，不能过于垂直，太过具体会缩小受众范围，容易导致产品过剩。

同道大叔就是一个很好的例子，该博主的内容主要是星座吐槽，虽然切入点稍显单一但是受众却很广。在青少年乃至中年的年龄段，很多人都会对星座感兴趣。而这个话题最大的优点在于，它可以延伸到很多内容，如职场和恋爱中各个星座的特性，对于恋爱场景也能细分到追求、相处、分手等阶段，内容十分丰富。这些都是人们乐于关注的内容，因此话题有无限的延伸空间。

❷你擅长什么

明确自己擅长的领域对于确定目标受众十分重要。如果你发现了一个空白市场，需求群体相当可观，也不存在很多人尝试后发现难度太大而放弃的情况，此时如果你刚好具备相应的内容生产能力，那么就可以抢占先机，迅速吸引目标群体。就比如微信宣布小程序项目时，很多人都跃跃欲试，但是你不具备相应的能力，也只能止步于此。因此，在内容创作领域，找到自己的特长，发挥出自己的专业优势往往能够事半功倍，迅速找到目标受众。

当我们对市场需求有了一个明确的认知后，就需要从自身的特长出发，确定自己将要输出的内容及其受众。如果你想在互联网上做内容分享，就要先明确市场是否已经饱和，自己的目标用户人群包括哪些，前期的运营如何进行等问题，做好这些准备工作，才能进行下一步的创作。

7.1.2　保证内容持续输出

毋庸置疑，内容创作的核心在于内容的持续输出。而每当我们谈到内容创作时，很容易将其与微信公众号混为一谈。事实上它们并不属于同一概念，微信公众号只不过是内容输出的渠道之一，二者存在本质区别。

如果我们只把内容输出局限于微信公众号，就容易执着于粉丝的数量。当我们陷入创作瓶颈时，很有可能为了避免粉丝流失而转载或抄袭其他渠道的内容，这样不仅会让人因为懒惰心理而懈怠，而且由于内容缺乏原创和深度，更容易导致目标受众的流失，这样内容输出也不会发挥应有的作用。

因此，我们在创作时，不能过分注重粉丝的数量，而是以内容的创作为核心，以优质的内容吸引更精准的用户。当然，内容创作是一个艰辛的过程，需要付出很多时间、精力乃至才华。但如果你确实专注于某一领域，就不怕江郎才尽，因为好的内容是以创作者的知识积累为基础的。

也有人说，如果我没有很擅长的东西，是不是就不适合做内容创作呢？

其实，如果你想做内容创作来抓住当前的商业机会，最好的方法就是学习。在这个时代，互联网让学习也变得触手可及，各种各样的在线课程能满足人们的各种需求，我们可以通过网络来获取很多知识。同时，网络上的信息过于繁杂，也需要我们仔细甄别，才能找到有用的资源。

值得注意的是，所谓的"干货"并不适合每一个人，尤其是在前期接受基础知识时。因为这种碎片化阅读其实就是总结内容的核心思想，如果你本身的知识储备并不多，对想要掌握的知识也没有在脑海中形成框架，那么这种"干货"能发挥的作用微乎其微。别人总结的东西或许可能帮我们回忆起相关进程，但是知识的吸收和积累，始终是没有捷径的。只有自己将所学的东西融会贯通，把核心思想与相关的佐证分析结合起来，才能形成自己的知识体系，从而领会事物的真谛。

7.1.3　酒香也怕巷子深

在以前，"酒香不怕巷子深""是金子到哪儿都会发光"是很多成功人士的写照。只要自己有能力，始终能找到那条通往成功的路。但是在这个信息大爆炸时代，如果不能在芸芸众生中抓住机会脱颖而出，那么明珠亦会蒙尘。因此，在创作内容的同时，我们也应该采用必要的运营手段，吸引更多的人关注内容，这样才能增加曝光度，建立个人品牌，从而实现内容变现。

其中，彭小六就做得很好。作为一个小城市的程序员，他是如何成长为简书大咖和"个人知识管理专家"的呢？事实上，他主要是通过多渠道的内容输出，以及三小时交通圈等形式，吸引了目标受众之后再推广自己的个人形象，从而获得了这些成就。不过，什么是三小时交通圈呢？就是他所在的城市三小时交通可到的地方。只要这些地方有线下分享的培训他就会参加，可以是学习，也可以是交流和分享。如果这三小时从高铁变成了飞机，能去的地方也就越多，影响力也会越来越大。

内容创业者最重要的就是选择正确的方法并且长期坚持，那么我们应该选择哪些渠道来提高自己内容的曝光度呢？

最简易的方法当然是通过社交平台来推广自己的内容，如微信订阅号、百家号、今日头条、知乎、豆瓣、大鱼号、微博文章、一点号及简书等。只要读者喜欢你的内容，他们就会点赞、评论和分享。如果你自身有比较独到的见解，加上丰富的知识储备，创造出来的内容具有价值，那么很快就会受到目标受众的青睐，从而实现知识变现。

在找到内容分发的途径之后，我们就应该思考，怎样才能实现知识变现？常见的知识变现方式有哪些？在这里，我们总结了七个方向供读者参考。

7.1.4 知识变现的七个方向

当前，知识变现可以分为以下七个方向（见图7-1）。

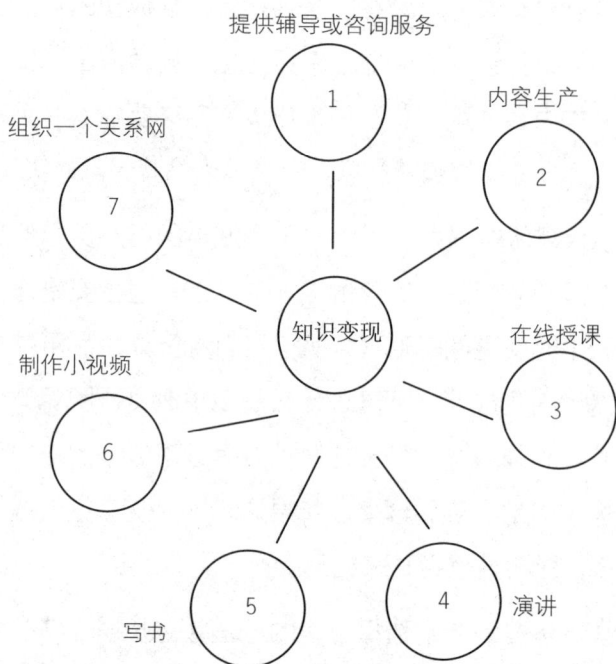

图7-1　知识变现的七个方向

❶提供辅导或咨询服务

培训服务并不一定局限于专业领域。例如，你本来是普通职员，却有过在很多大型公司面试的经验，即使是进行求职者的面试培训，也会有很多人参与。此外，在行政单位工作过的人也不一定要进行职场规则的培训，也可以辅导人们如何准备公务员考试。事实上，如果你已经有了自己的副业，很多人都会主动向你请教。

❷内容生产

如今自媒体的发展已经越来越成熟，想要在这个竞争激烈的市场分得一杯羹绝非易事，除非你拥有不俗的才华和坚持的毅力，或者由衷地喜欢这个行业，否则不要轻易选择做自媒体。而且，即使成功的自媒体可以推广自己的产品，但现在整个平台的广告分成已经越来越少，因此，我们建议每个人在选择之前先做自我评估，看看自己是否有能力在这个市场争得一席之地。

不过，如果你喜欢写作，又不能接受高强度出稿，就可以给杂志或有品位格调的公众号投稿，平台可以通过点阅率支付酬金，也可以每月支付固定报酬来邀请你写专栏，这也是内容生产者知识变现的一种方式。

❸在线授课

现如今，网络授课越来越火热，如果对自己的兴趣爱好有足够深入的研究，就可以制作相关的视频，通过网络传达你的看法或某种价值观。这样的网络平台有很多，你可以选择最适合自己内容的平台。

另外，如果你的内容很有价值，就能吸引一些组织机构或企业来合作，它们就会与你签订相关授课视频的合同，这样一来就能更大程度地实现知识变现。

❹演讲

无论是系列报告还是主题演讲，职业的培训讲师都是通过教育和激励听众来获得收入的。这个行业对个人的要求比较高，要有良好的专业素养，以及丰富的演讲经验。但是只要你拥有较高的演讲水平，那么收入也是很可观的。

笔者有个做心理医生的朋友，以前在看守所从事的是未成年犯罪人员心理辅导工作，即使收入不多，但是多年的工作经验让他获得了丰富的题材及辅导经验。现在他在一个家庭教育及婚姻辅导平台做固定演讲，每个月三四次演讲就能获得丰厚的酬金，工作时间也比较自由，生活水平得到了很大的提高。因此演讲也一个是较好的知识变现的方式。

❺写书

有人认为，知识变现最好的办法就是自己出书；也有人认为，与传统的出版商合作利润空间会更大。虽然出书的确是一个较好的选择，但是也不能盲目出书，而是要先分析自己的题材。

如果你对长尾理论很有研究，目标受众群体较小，那么就更适合做自媒体。同时，你可以选择做单价较高的实体书，也可以选择价格低但销量高的电子书。对于后者来说，豆瓣阅读出版计划是个不错的选择。

如果你预计的受众群体较大，那就更适合与传统的出版社合作。因为在这个过程中，你不用在图书的编辑、设计和印刷上花费时间和资金。除了能获得专业的策划宣传和销售团队的支持，出版社还会支付较多的预付款及持续的版税，是一个性价比比较高的选择。

❻制作小视频

智能手机的发展让我们无论身处何地，都可以制作小视频上传到网上供人观看。视频可以是独家制作的，也可以是多人合作完成的情景剧。值得注意的就是，视频的内容不能违反法律的规定，也不能包含一些不符合大众价值观的内容，否则，只会引发受众的抵制。

❼组织一个关系网

很多专业人员都会组织一个自己的圈子来交流和解决问题，我们也可以效仿这种方式。把一些有能力的人聚集在一起，按月或按季度收费，定期组织一些活动来研究或分享自己感兴趣的内容，让成员在这个平台交换资源，实现信息共享。

这是一个最好的时代，这是一个最坏的时代。

互联网时代让信息的传播渠道变得更多，同时也降低了传播成本。社会上充斥着各种各样的信息，人们的注意力成了稀缺资源。我们也可以抓住机会让个体成为焦点，同时，在这个价值多元化的时代，每个人都可以成为"斜杠青年"。

7.2 有价值的知识，才能变现

知识变现这个话题被谈论得越来越多，而且，似乎也有越来越多的人实现了知识变现。例如，得到和喜马拉雅上的一些专栏作家，或者在知乎上开live的"大V"，他们都用自己的知识挣到了钱，知识变现似乎也没那么难。

事实真的是这样吗？首先我们要弄清楚什么是知识。很多人把知识等同于信息，所以我们才会常常听到这样的话语："这本书我看过""这个我早就知道了""你连这个都不知道吗"。

很多人之所以会这么说，是因为他们没有认识到什么是真正的知识。真正的知识不是零散的，而是成体系的。知道这件事或这个现象是了解信息，而弄清事件或现象背后的来龙去脉才是掌握知识。

在互联网上，最受欢迎的知识有三类。第一类是快速了解一个行业，如律师、医生、房地产和销售等。第二类是决策参考，如求职经验或考研经验。第三类是提升自我技能。这三类知识都是要经过提炼和筛选的，所以我们不缺信息，而是缺少筛选、解读和建议。

7.2.1 什么样的知识能变现

普通的零散信息已经很难变现了，如果我们想要实现知识变现，就要学会筛选和整合信息，把它们梳理成知识。那么，我们应该怎样做呢？

❶提供独一无二的知识

要做知识变现，就要为用户提供独一无二的知识。这样的知识可以是从我们自己的人生经历中得到的，也可以是自己通过学习获得的。我们为用户提供这样的知识，可以提升他们获取知识的效率，也可以让自己实现知识变现。

❷分享自己的实践经验

实践经验也是宝贵的知识，因为其中有我们的经验和思考。如果我们是某个行业的资深从业者，完全可以分享自己的实践经验，利用知识和经验变现。我们也可以把自己在实践中踩到的"坑"总结出来，降低粉丝的试错成本。

❸提供更高、更新的角度

同样一件事，如果我们的认知程度比较深，看问题的角度比较独特，我们也可以把自己的观点和认识变现。

❹把零散的知识整理成体系

如果我们自己不具备任何特殊的经验或见解，要怎么实现知识变现呢？我们可以把零散的知识整理成体系。

单纯的信息价值不高，而且还有纸上谈兵的嫌疑。只有经过实践、思考和总结知识，才有分享和付费的价值。如果你也想实现知识变现，就要从现在开始积累和思考，让自己的知识更加体系化，更加有价值。

7.2.2 主流知识变现平台

表7-1所示的是国内主流的知识变现平台，你可以选择适合自己的平台来进行知识变现。

表7-1　10大主流知识变现平台

平台	特点
得到	收益较高，如果你是某个领域内的大咖，很容易获得百万元级收益。平台采取邀请制，受到邀请的大咖才能在得到平台上进行知识变现
在行	知识、技能交易平台，具有很强的社交属性
知乎 Live	属于 UGC 内容模式，一对多分享，如果 Live 质量高，收益也会比较可观
混沌大学	平台邀请业内专家或名人，分享知识和个人经历
喜马拉雅 FM	国内最大音频平台，可以制作音频节目后放在平台上销售
蜻蜓 FM	付费音频平台，性质和喜马拉雅 FM 一样。
千聊	一款基于微信的直播工具，B 端讲师定位为腰部内容创作者，C 端用户定位为 30~45 岁女性用户
大鱼号	UC 旗下自媒体平台，按广告分成，平台代扣个税，目前营销力稍弱
爱奇艺号	爱奇艺旗下视频自媒体平台，更侧重于 PGC 内容，奖励较高
企鹅号	腾讯旗下视频自媒体平台，收益由固定收入和广告分成组成，收入较稳定。

当我们选好合适的平台以后，就要开始着手知识变现了。我们必须记住一点：有价值的知识，才可以变现。

7.3　把知识打造成产品

知识变现从本质上来说，就是把知识包装成产品或服务，以实现其商业价值。有人可能会对知识变现抱着一种怀疑的态度，认为网络上到处都是免费的东西，在这种情况下，知识付费真的有商机吗？

的确，免费的资讯和知识随处可见，而且其规模还在不断扩大。照这个趋势来看，免费的内容在未来仍然会是主流。那么，知识付费为什么会有这么广阔的市场空间呢？

这是因为多数的知识本身并没有价值，被包装成服务和产品以后才有了价值。包装知识，让知识产品化，是知识变现的最佳商业模式。

当我们深入了解"知识变现"的不同层面后，就会发现用户其实是在为知识产品和服务付费，为知识的表现形式付费，知识本身和学习效果反而是最后才考虑的问题。而未来的知识付费行业，卖的将不再是知识，而是服务和产品。为什么要这么说呢？因为消费者需要的不仅仅是知识本身，而是需要知识帮忙解决问题，而知识产品化才能帮大家解决问题。那么，究竟什么是知识产品化呢？

7.3.1　知识产品化的内涵

上文中我们提到，消费者是为知识产品付费，而不是知识本身。一般来说，知识从被创造到被消费，中间要经历三个环节，分别是知识创造、知识产品化和知识消费。

下面笔者以一本书为例，来详细讲解这三个阶段。作者写作书稿是知识创造阶段；出版社将书稿编辑成书，并进行包装、出版，这是知识的产品化阶段；读者购买这本书，是产品的消费阶段。

某位读者拿到书后，开始自行阅读，发现书中的知识很难消化。虽然作者和编辑已经尽量提高了书的易读性，但是对读者来说吸收书中的知识依旧很困难。买这本书对这位读者而言，就是一次很差的消费体验，因为，他买到了不适合自己的知识产品。

如果我们要改进读者的体验的话，就要在产品化阶段下功夫。我们可以把书做成有声读物，或者请人来讲书或导读，换一种产品形式，消费者的体验也许会更好。

所以，知识产品化的核心在于找到合适的产品形式，让消费者心甘情愿地付费。知识产品的形式多种多样，只要找对了，变现就不难。

那么，如何才能把知识产品化呢？

7.3.2 如何把知识产品化（见图7-2）

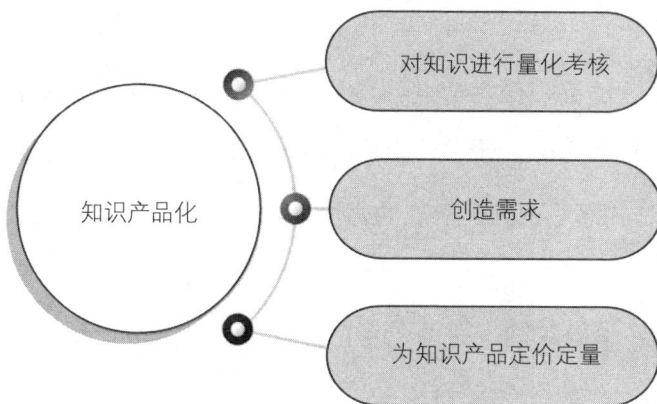

图7-2 知识产品化的三个关键点

❶对知识进行量化考核

关于知识产品化，我们首先要考虑的问题是，如何在关键节点上对知识进行量化考核。其实，知识产品的量化是很困难的，因为知识带给人的体验是虚拟的，既没有实物，又不需要借助物理媒介传播。一个专栏、一篇文章，应该如何量化呢？

我们可以从几个关键点入手，如排版质量、用户满意度、用户互动等。其实，知识产品的量化考核主要集中在视觉层面和心理层面。视觉层面的东西比较容易量化，但是心理层面就很难量化了，对主观色彩比较浓的东西制定一个量化标准是比较难的。

因此，内容的量化考核可以向咨询服务一样，只衡量输出结果。例如，咨询情感顾问，要看对方给出的情感建议是否有用；咨询律师，要看对方能否解决实际问题或打赢官司等。知识产品与之类似，要看能否解决用户的需

175

求或问题。

我们也可以把这三个问题作为衡量标准：我是谁？我做的是什么？我能给你提供什么？只要能回答这三个问题，知识产品就是合格的。

❷创造需求

知识产品化的另一个关键点就是创造需求。要想将产品顺利销售出去，必须给对方掏钱的理由。在创造需求方面要做到以下三点。

（1）创造并满足用户需求。通常而言，知识产品能够满足用户的什么需求呢？

a.帮助用户消磨时间：有助于用户打发或度过一段无聊的时间，类似于阅读小说。

b.工具需求：我们的知识产品，要能帮助用户完成一项任务，或者代替某种事物成为用户的工具。有些知识产品能够在一定程度上替代"实物产品"的某些功能。例如，"毒舌电影"通过讲解电影，让普通人了解好电影，可以替代杂志《看电影》等的功能；公众号"李叫兽"中的知识产品，能够成为指导营销人员实际工作的工具，让用户能充分运用所学的知识；而公众号"凯叔讲故事"，可以给孩子讲故事，解放广大爸爸妈妈。

（2）能够持续满足用户需求。知识产品化不能简单创造并满足某一个需求，还要有持续满足这一需求的能力。因此，创作者要尽量避免作品杂乱无章，八卦、鸡汤、理财等内容混着来，这样很难让用户看到我们的持续作用。

许多账号在出现一篇爆火文章后，后续的阅读量却难以上涨，其根本原因就是持续性不够，今天做电视剧、明天做美食、后天做游戏……

（3）有调性，让消费者在特定情境想起。这一点非常重要，创作者要让用户在某个时刻、某一场景下产生触发点，从而联想到你的知识产品。比较经典的就是加多宝的广告词："怕上火，喝加多宝。"这一文案深入人心，人们在上火的时候，很自然地就会想到加多宝。

当然，知识产品很难占据人们的所有时间，只能在某一情境中发挥自己的优势，所以内容要有自己的调性，在特定的场景中凸显自己。

❸为知识产品定价定量

知识产品化必不可少的步骤就是定价定量，定了价消费者才能判断产品是否值得购买。那么，要如何对知识产品定价定量呢？

举例说明，如果一个音频节目年费为360元，是否值得购买呢？其实很难回答，因为会员年费是很难量化的。也许培训班或学期学习，我们很容易就能找到评估标准：期末考试。与之相比，音频节目的年费能够有何收获，是否值得购买，相对来说很难量化，因为它没有类似考试的评价标准。

知识产品最好不要拉太长的战线，否则用户在做购买决策时要考虑的因素会更多。较为科学的做法是缩短周期，将周期定为15天、一个月、一个季度等。时间较短，用户更容易评估其收获。好比，读完一本书需要半个月，将其定价为9.9元，很快消费者就能看到自己的投资和收益比。

在对知识产品进行定价时应当由小单位开始，而且小单位价格较低，有助于消费者快速做出购买决定。毕竟较低的价格会让消费者有便宜的感觉，价格较高就需要一番思量了。

我们要把是否购买的决策权交给用户。如果决策过程较为复杂，最好将其量化或最小单位化，促使交易达成。而且创作者要明确告诉用户自己所提供的服务，并将其列出来，明码标价，不要模棱两可。笼统的报价不是吓跑用户，就是给对方一种被骗的感觉。用户有自己的思想和判断，只有将知识产品明确展现给对方，他才能确定这个产品或服务是否值得购买。

只有当用户觉得物有所值时，用户才会愿意放弃其他而选择我们的知识产品。我们作为知识产品的供给者应该守好自己的边界，为用户提供最好的产品和服务就可以了。如果我们的知识产品足有优秀，哪怕用户只停留了非常短的时间，也会产生深刻的印象。

7.4 线上授课：知识变现的主通道

线上授课是近年来非常流行的一种知识变现方式，它很适合团队和个人来操作。很多人已经通过销售或制作网课而获得了不菲的收益。

线上授课是一种以互联网为媒介发展起来的学习方式，有了互联网，人们不用再去线下培训机构或老师那里学习和听课了。只需要通过网络付费就能学到自己想学的知识和课程，而且线上授课的种类也比线下培训机构要丰富得多。

线上授课的形式有两种，一种是在线直播，另一种是提前录好课程，可以是视频也可以是音频。线上授课之所以能有市场，就是因为人们对知识的焦虑和渴求。很多人进入社会后，也依然有继续学习的愿望，依然有提升自己的想法。所以，有越来越多的人选择通过网课来继续学习。

目前，线上授课的需求越来越大，种类也越来越多，内容领域也越分越细。很多人都紧盯着这个市场，把线上授课看作知识变现的主要通道。

7.4.1 在线授课真的能赚钱吗

在线授课有很多线下教育所不能比拟的优势。首先，在线授课能让老师和学生一对一地交流；其次，在线授课打破了时间和空间的限制，听课的学生人数也不会被场地所限制；最后，线上授课的科目十分丰富，用户可以自由选择，需求更易得到满足。

线上授课的科目已经不再局限于学校里的科目了，任何你想得到的课程都有人做，如写作课、时间管理课、健康管理课、恋爱技巧课、职场规划课、求职面试课、绘画课、书法课、视频编辑课、烹饪课、演讲课、个人形象设计课、化妆技巧课等，这些课程都是市场上大热的，有很大的需求缺口。

所以说，做网上授课是一种很好的知识变现方式。例如，笔者有一套自己的原创课程，课程内容是有关时间管理的，这套课程可分为8节，笔者把课程的价格定为98元。为了推出这套课程，笔者运用一些设备和软件把课程录制好，并进行了剪辑和制作。

课程视频制作完成后，笔者通过网络推广把课程卖了出去，由于课程视频的制作笔者一个人就可以完成，所以每卖出一套课程笔者就可以获得98元的纯利润。即使每月只卖20套，笔者也可以获得近2 000元的纯利润。如果引流效果好，每个月卖出的课程数量多，笔者获得的利润也会更多。

通过上面的例子，我们可以看到，线上授课的盈利空间还是很大的。刚起步时，我们可以采取录制课程视频的方法进行授课，当积累到一定数量的用户之后，我们可以进行直播授课，这样一来，收入还会继续增长。

7.4.2　在线授课的内容很重要

互联网如此发达，人人都可以用手机和电脑搜索自己想了解的知识，既然如此，我们做线上授课还有意义吗？有人愿意花钱听我们的课吗？

的确，由于互联网的发展，人与人之间的信息壁垒正在逐渐消失，我们知道的别人同样知道，经验和技能都可以通过互联网了解。在这种情况下，线上授课这种知识变现方法真能行得通吗？

其实，我们大可不必担心，信息的壁垒虽然在减少，但它并不会消失，因为人与人的理解能力是不同的。面对同一门知识，有的人理解得很透彻，有的人却只是略知皮毛。就好比老师在课堂上讲了同一道题，有的人能马上理解、举一反三，而有的人却一头雾水。而我们的目标客户正是那些对某方面知识不了解或一知半解的人。我们通过线上授课，提升他们的学习效率，让他们完全地掌握知识。

因此，我们在做线上课程的内容定位时，必须遵守一个原则，那就是"垂直，垂直，再垂直"。泛泛而谈的内容对用户来说是没有价值的，我们所讲的内容必须是经过细分的、垂直的。我们要根植于一个主题，把与这个主题相关的知识方法和干货通通挖掘出来，只有这样，用户才能从我们的课程中学到东西。

我们在做内容定位时，可以根据自己的能力和实际情况来定。我们可以从自己擅长的领域入手，利用自己的优势。例如，笔者擅长互联网运营，如果笔者要开一门线上课程的话，就一定会选择与互联网运营相关的内容，并把行业案例、理论、方法和笔者自己的经验全部融入课程，让课程内容更丰富、更有价值。

如果没有什么特别擅长的领域，也不要气馁，你可以根据市场需求再做内容定位，看看那些内容比较热门、用户的需求比较强烈。然后，我们就可以查阅相关资料，并把资料整理成授课内容。

这就像做销售一样，有产品就可以直接卖货，没有产品就要根据市场需求去进货。线上授课的形式比较特殊，它可以让我们直接面对用户，并且能够直接收到用户的反馈。所以，为了保证自己的口碑，我们必须保证自己的课程质量，不断为用户提供有价值的内容。

7.4.3 如何进行课程销售

课程内容的打造对很多人来说不是什么难事，但销售课程却难倒了不少人。如何销售知识，如何销售课程，是知识付费和在线教育领域的一大难题。因为在线课程往往很难保证后续的学习效果，知识的掌握程度与课下的练习时长是呈正相关的，我们很难在课堂以外的时间督促用户复习和练习。在这种情况下，提升转化率和复购率是比较困难的。

关于课程销售，笔者有以下三点建议，希望能对大家有所帮助。

❶把授课方式转变成训练营模式

前面我们提到过，单纯地线上授课很难保证学习效果。为了解决这个问题，我们可以把授课方式改成训练营模式。所谓的训练营模式就是陪着用户一起学习，并采取一系列奖惩措施来督促用户学习。例如，每天打开可以赢奖金，优秀作业给予奖励，社群内定期进行答疑，对优秀学员进行表彰，以及开展分享互动等。

总之，我们在讲完理论知识后，要有专门的运营人员带着用户一起复习和练习，这样的陪伴式学习一方面可以提升用户的完课率，另一方面也可以提升学习效果。让用户一人学习，他很容易就会被拖延和懒惰打败，一群人一起学，用户会变得更自律，也更有动力。

❷先圈人，后转化

如果我们要开的课程是高价课，可以采用先圈人再转化的策略去做课程销售。因为用户也许并不了解我们的课程，也不会立刻花一大笔钱去买课程。此时，我们和用户之间的信任程度还不够。

为了建立信任感，我们可以先用低价课圈人，让粉丝了解我们的课程，然后再通过一系列营销手段引导用户报名高价课程。例如，老师在课堂上做推广植入、试听活动等。不要怕高价课卖不出去，只要我们的课程物有所值，就一定会有用户愿意买单，因为每个人都想提升自己的能力。

❸培养种子用户群，做分销推广

课程上线以后，我们还可以借助种子用户的力量，去做分销和推广。千万不要小看种子用户的力量，有时候，一个种子用户甚至比价值1万元的推广更管用。所以，我们应该积极发展种子用户，并针对他们做深度运营。

我们应该花时间和精力去培训种子用户，让他们找到自己的定位，并坚持向他们输出内容，培养信任感。在和种子用户建立了比较紧密的关系以后，我们还要帮助种子用户扩大朋友圈，增强分销推广的力度。种子用户是我们最好的伙伴，如果我们能获得种子用户的信任和喜爱，那么我们的课程和项目就不愁没人推广。

最后，笔者还是要老调重弹，再次强调内容的重要性。销售手段再高明，内容和产品不好，一切都是白搭。所以，我们要始终把重心放在内容上面。

第8章

能力变现：把技能变现，让拼搏更有价值

　　我们的身边有这样一群人，他们刻苦努力、博闻强识、视野开阔；他们总是不断提升自己的各项技能，刻苦钻研工作中遇到的难题，让自己的专业能力臻于完善；他们善于交际、乐于助人，身边有众多好友，是大家眼中非常有能力的人，可是，他们却没能获得与自身能力相匹配的财富。很多能力不如他们的人，却过得比他们好。我们在为他们扼腕叹息的时候，也应该想一想为什么会出现这种现象？归根结底，就是因为这些人没有掌握能力变现的方法，从而缺少了变现的能力。只有学会技能变现，我们的拼搏才会更有价值。

8.1 不是所有能力，都可以变现

"能力变现"这四个字，说起来简单，做起来难。每个人都希望能够通过自己的能力，获得更多回报，让自己过上更好的生活。可是，真正能够把自己的能力变现的人，却凤毛麟角。我们应该怎么做，才能像那些大咖、"网红"一样，靠自己的能力赚钱呢？

在本节的开头，笔者不得不先给大家泼一盆冷水：不是所有的能力都能变现。为什么这么说呢？因为大多数人的能力只是职场技能，它们能让你在公司里干得不错，可是一旦离开了公司或行业，这些能力就再无用武之地。

很多的公司中层领导都面临这样的窘境：工作能力很不错，但离开公司后什么也干不成。最近，笔者就遇到了一个这样的人，他曾经在一家业内很出名的上市公司里担任项目负责人，公司里的人都想进他的项目组。这样一个有能力的人，当然不会满足于在一家公司里止步不前。

在升职的愿望落空后，他选择了辞职，自己开了一个工作室。可是工作室只坚持了半年，他就再次开始找工作了，他把自己的现状归结于市场不景气、缺乏机遇。可事实真的是如此吗？他的那些专业能力，离开了公司就无法发挥，根本不足以支撑他开工作室。

自己创业所需要的能力绝不仅仅是那一点儿专业上的技能。只要在职场中待过的人，或多或少都掌握一些专业能力，这种专业能力能让他们在公司安身立命，但却没有办法支撑他们独立变现。所以笔者才会说，不是所有能力都能变现。

那么，什么样的能力才能变现呢？

8.1.1　什么样的能力才能变现

笔者发现，很多人都搞错了一个概念，可以支撑我们独立变现的，不是能力变现，而是变现的能力。没错，变现也是一种能力。这是让很多人踩了无数个"坑"以后，才明白的道理。

流量变现的风口袭来，我们身边好像都多了一群新媒体创业者，他们都想借着这波流量红利，靠自己的能力变现，但是，这群人中真正变现成功的却不多。笔者有一个朋友就是新媒体创业者大军中的一员。

她是一个建筑工程师，从业10年后，她放弃了稳定的工作，转而在微信朋友圈做起了微商。微商这个职业在大家的印象中是很赚钱的，但是又有点惹人烦。很多人跟做微商的朋友聊天时都提心吊胆，生怕对方话锋一转就开始推销产品。

但是，笔者这位朋友并没有这么做，她经常在自己的公众号里发一些文章，讲述自己的职业生涯和辞职做微商的心路历程，还经常分享一些看房和装修的知识。很多人都被她的文章吸引，纷纷关注了她的微信公众号，加入了她的微信群。慢慢地，开始有人买她的产品了，并且口碑越做越好，她也因此积累了一批熟客。这位朋友靠着"新媒体+微商"的模式成功变现了。

从这位朋友身上，笔者看到的不是她作为一个工程师的专业能力，而是强大的变现能力。

8.1.2　变现能力到底是什么

可变现的能力到底是什么呢？答案是：以核心竞争力为基础的复合能力。这是什么意思呢？我们可以把变现能力看成一个洋葱，它的内芯是我们的核心竞争力，如写作能力、绘画能力、外语能力、口才、专业知识等，核心竞争力是变现能力的内核。

如果我们以核心竞争力为原点，不断扩展和强化自己的能力，像洋葱一样把核心竞争力一层层包裹起来，那么它发展壮大就成为变现能力。说白了，就是要在核心竞争力的基础上发展其他的能力。

例如，晓莉是一个热爱读书的人，也有很强的写作能力，于是她每天都坚持读书、坚持写读书心得。在积累了很多读书心得以后，晓莉想尝试着用这些读书心得变现。于是，她加入了一个读书社群，每天在群里打卡读书，分享心得体会，还把自己的文章发布到简书等平台上。慢慢地，她在简书上的一些文章也获得了一些打赏，还有自媒体想和她签约。晓莉拓展变现能力的方法如图8-1所示。

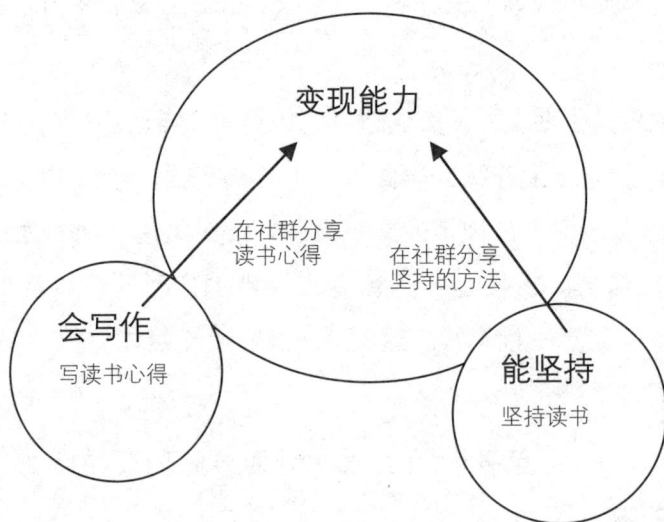

变现能力

在社群分享
读书心得

在社群分享
坚持的方法

会写作

写读书心得

能坚持

坚持读书

图8-1　晓莉拓展变现能力的方法

晓莉在自己的核心竞争力——写作能力的基础上，发展出了可以变现的能力。她拓展出的能力有分享能力、推广宣传能力、总结能力等。从晓莉的故事中我们可以看出，只要你开始对外输出，让其他人知道你的核心竞争力，并持之以恒，你就离成功变现不远了。

8.2 认清自我，放大优势

想要实现能力变现，首先要找到自己的优势，并放大它。那么，优势到底是什么呢？是我们独有的、长于他人的才能吗？笔者认为这个说法并不全面，如果要把才能转化为优势，我们还要投入更多的时间和精力。所以，优势=才能×投入（见图8-2），拥有某项才能并不能直接给我们带来回报，除非我们愿意投入时间和精力，愿意去行动。

优势 ＝ 才能 ✖ 投入

图8-2　优势的含义

理解了优势的含义以后，我们应该怎样扩大它呢？我们可以从优势公式的三个要素入手。

8.2.1 优势，是持续的优异表现

优势是持续的、完美的表现，它是一种在某个方面持续取得成绩的能力。

优势可以让我们取得更大的成就，能为我们带来更高的收入。它可以是天赋，可以是兴趣，也可以是长期习得的技能，还可以是敏锐的洞察力等。

什么样的能力才能称为优势呢？这里有三个限定条件：完美、持续和成绩。

"完美"的意思不需要解释。"成绩"是指积极的成果，想要获得积极的成果，我们就必须学会驾驭自己的能力。因为，任何事物都具有两面性，领导力强的人容易刚愎自用，敏锐的人会过于谨慎，积极的人容易冒进。优势是一种能力，只有当这种能力产生好的成果时，才算真正的优势。

灵光乍现和三分钟热度都不算优势，只有能"持续"，才算优势。假

如，一个人因为一件感兴趣的事而专注，不代表这个人拥有"做事专注"的优势，因为他的专注不能持续。

8.2.2 才能，是天生做某件事不费力

才能是自然形成并反复出现的行为、感受或思维方式。换句话说，才能就是天生做某件事不费力。

才能和优势不同，它是行为、感受或思维模式，更偏向内的体验，它可以表现为亲和力、理性等特质。如果我们拥有某项才能，就说明我们不需要刻意学习，就能轻松获得某种能力或特质。

才能是自然形成，而非后天习得的，很多拥有才能的人往往没能察觉到自己的才能，也没有好好地利用，他们只是下意识地使用自己的才能，却从来没有有意识地去训练和放大它。笔者认为这是非常可惜的。如果一个人拥有某方面的潜质，就应该好好地利用。

我们发掘自己的才能，并有意识地训练和学习的过程就是投入。

8.2.3 投入，不努力就是浪费优势

投入就是花费时间、精力和金钱，去提升自己的能力，扩充自己的知识。

我们身边有很多人热衷于做各种性格测试、心理测试，他们做这些测试的目的就是希望能发现自己的某个"天赋"。在他们看来，拥有"天赋"就像拥有了一个万能道具，可以立刻让人生变得一帆风顺。

其实，这样的想法从本质上来说就是一种不劳而获的思想。如果拿股票来打比方的话，就好比一个人找到了一只涨停的股票，但他却不投钱。就算这只股票再好，机会再难得，他也不会赚到一分钱。

越是有才能、有天赋的人，越要投入，因为不投入、不努力，就是对天

赋和才能的一种辜负。

笔者认识一些有天赋的人，他们却从不承认自己有天赋，经常说："我就是画着玩的""我随便乱写的""我瞎唱的"。其实他们的水平并不差，只是不敢投入。他们害怕自己即使投入了，也达不到理想中的水平。于是，他们索性不承认自己有天赋、有优势。

那些没有形成优势的人，一般是遇到了这两种可能：一是没有发现自己的才能；二是即使发现了自己的才能，也没有投入足够的时间和精力。

明白了优势、才能和投入的含义，我们接下来就要看看怎样才能培养优势。培养优势需要四步：

第一步是偶然发现。在各种实践和尝试中，发现自己的天赋和才能。

第二步是逐渐识别。我们可以采取多次重复、多次反思的方法逐步识别自己的才能。

第三步是充分利用。在天赋和才能的基础上继续学习相关专业知识和技能，让优势被固化。

第四步是获得外界的认可。可以通过展露自己的优势，获得他人的认可。

经过了这四个步骤，优势就会被固化，成为能够持续获得好成果的能力。虽然，我们都不是天才，但是我们每个人都有着自己的才能，只要我们愿意投入，就能培养和扩大自己的优势。

这个世界上有不需要努力的天才吗？当然没有！不可否认的是，有的人的确有更高的天赋，如达·芬奇和莫扎特。这类人的投入产出比是非常惊人的，只需要小小的付出就能获得很高的收益，可是这种惊人的天赋不一定是每个人都能拥有的。

可是，我们每个人都拥有属于自己的才能，所以我们可以通过投入把自己的优势放到最大。才能是一颗小苗，我们就是园丁，要浇水、除草、施肥，让它变成一棵参天大树，以支撑我们进行能力变现。

8.3 把握趋势，找准适合自己的赛道

找准赛道，把握趋势，可以让我们快人一步，尽早实现能力变现。趋势不同于时尚，时尚只是水面的一阵涟漪，会逐渐消散；而趋势则是一股潮流，会带动社会经济的发展和转型。趋势关乎我们未来的发展方向，是我们必须要时刻关注的内容。

那么，哪些内容可以称为趋势呢？

第一类是演变中或开发中的技术，如人工智能或纳米技术。

第二类是可以被新技术满足的需求，如人们对于水的需求或消费者对物美价廉商品的需求。

第三类是新技术和需求催生出的新观点，如当未来海水净化技术十分发达时，人们会不再排斥把海水作为饮用水水源。

技术、需求和新观点是形成趋势的三大要素。这三大要素可以帮助我们发现那些真正的趋势。那么，我们应该怎样去关注和发现趋势呢？希望下面介绍的五大策略能对大家有所帮助。

8.3.1 关注细节：全方位观察

在成为主流之前，趋势有可能消散在街头巷尾，而我们应该抓住蛛丝马迹，在趋势消失前就洞察到它的存在。此时的趋势有可能只是一件商品，或者一个观点，我们必须抓住它。

在足球场上，运动员们都会时不时回头看一看，因为他们不仅要关注球在哪里，还要留意球场上的其他事情，包括队友和对手们。全方位地观察，

让运动员准确地捕捉到每一个赢球的机会。

我们在生活中也要多多关注细节，留意周遭的环境。例如，逛街的时候，我们可以问一问自己：这里发生了什么事？看见新广告牌了吗？街上的年轻人们都在干什么？这家店里什么东西卖得好？

通过观察我们也许会察觉到某种即将成为趋势的现象。例如，几年前笔者观察到有的人在用手机支付，零星几个商家也开通了扫码支付功能。后来，手机支付已经成为一种趋势。

8.3.2　深度阅读，广泛了解

除了全方位地观察周遭事物以外，我们还要花时间让自己专注一个领域。我们可以选择一个自己感兴趣的领域，去深入阅读相关书籍，研究相关资料。

此外，我们还要广泛涉猎其他的资讯，并思考它们的内在联系。例如，当我们阅读一份报纸时，我们要关注各个领域内发生的新闻有哪些？还要思考财经动向、社会活动和政治新闻之间的关系，各种力量是如何相互作用、相互影响的。

当然，我们还要擅用互联网工具，百度指数、微博热搜榜和谷歌指数等工具和应用可以告诉我们人们最关注的话题是什么。

通过深度阅读和广泛了解，我们能够很快捕捉到事物之间的关联，从而在趋势形成之前就掌握它们。

8.3.3　听取朋友的建议

与其他人保持良好的人际关系是非常重要的，良好的人际关系能让我们快速融入圈子，或者建立自己的圈子。

一个人的认识往往是有局限性的，我们应该多听听身边朋友的建议，也许在我们的朋友中间就有相关领域的专家。我们可以通过他们的观点来验证自己的某些想法。

除了自行观察和了解，我们还应该学会听取朋友的意见，让朋友为我们提供看问题的新视角。

8.3.4 采取行动，离开舒适区

除了分析和观察，我们还应该积极采取行动，去接触那些趋势的引领者和行业中的佼佼者，看看他们在做什么、思考什么。我们还应该跳出自己所在的行业，去了解其他的行业，多认识几个不同领域的朋友，并经常和他们交流。

以上的行为需要我们跳出自己的舒适区。也许你不爱社交，但你必须要跳出自己的舒适区，去结交新朋友；也许你对一个新的行业一无所知，但你也要跳出舒适区，让自己迎接新的挑战。

离开舒适区的你，会比原来学到的更多，也会得到更多的成长。

8.3.5 随时记录自己的灵感

勤做笔记，随时记录自己的灵感，是一个好习惯，我们应该养成并坚持这种习惯。虽然手机、电脑十分方便，可以让我们查到任何想要的资料，但是笔记能够体现我们思考的过程，是不可替代的。

如果你想要掌握趋势，就不要被一时的流行所迷惑。我们应该对潮流保持观望态度，思考事物发展的规律，分析趋势形成的过程和原理。只有这样，我们才能真正掌握趋势，并从中发现能力变现的机会。

要记住，灵感从来不会从天而降，它是经过无数积累后的迸发，是经过无数次观察和分析后得出的结论。只有掌握趋势的人，才能获得正确的灵感，才能真正选对跑道。

8.4　借助人脉和资源，让你的事业乘风破浪

在竞争激烈的现代社会中，人脉的重要性已经不言而喻。特别是对那些想要在职场上有所发展的人来说，人脉是自己发展过程中非常关键的因素。建立和扩大人脉，也是能力变现的重要环节。

很多人为了拓展自己的人脉，到处结识新朋友，拼命参加各种聚会，但是最后的效果并不好。付出了时间和金钱，却没有达到自己理想中的效果。那么，问题到底出在哪里呢？

首先，我们应该明确一个事实：人脉强大与否，取决于我们所拥有的个人关系，以及这些关系的强弱程度。如果我们与他人建立的人际关系很薄弱，那么这段人际关系就是无法给我们帮助的。也就是说，人际关系的质量比数量更为重要。

有些人脉之所以牢不可破，是因为那些人曾经在困难的时候互相帮助、并肩作战过，他们共同经历了各种顺境和逆境，并在这个过程中建立了深厚的友谊和牢不可破的关系。

当然，并不是每个人都能拥有这种共同经历，我们也可以用其他的方法来打造自己的人脉圈。下面，将为大家介绍七个打造人脉的要点（见图8-3）。

8.4.1　为他人创造价值

如果我们能为朋友提供有价值的东西，他们一定很愿意跟我们建立关系。我们提供的价值不一定非要是金钱或物质上的价值，也可以是我们的专业知识技能，或者我们的人脉关系。

笔者经常收到身边朋友和同事的引荐请求，他们看到笔者认识某个人，就希望我们把他们引荐给对方。还有一些朋友会经常向笔者咨询运营、营销

和创业相关的问题，希望能从专业的角度给予建议，这就是笔者为朋友提供的价值。

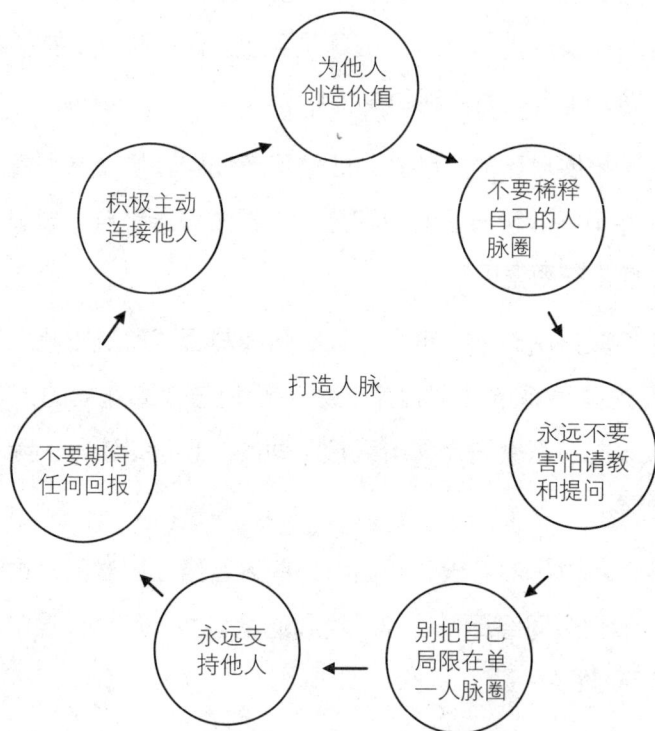

图8-3　打造人脉的七大要点

有时候，我们只要努力提升自己，展现自己的价值，就会有新的人脉关系不断形成。去年，笔者写了一篇有关互联网运营的文章，这篇文章被很多业内"大V"转发，获得了很高的阅读量。很多人看了这篇文章以后很想认识笔者，与笔者交流看法，笔者也因此获得了新的人脉。

这就是所谓的"你若盛开，蝴蝶自来"吧！当我们为他人提供价值时，人们就会主动与我们建立关系，我们的人脉也会因此而不断扩大。

8.4.2　不要稀释自己的人脉圈

有的人非常热衷于结交新朋友，遇到陌生人一定会第一时间交换联系方式，虽然以后也不会和对方联系。笔者认为，这不叫建立人脉，这是在往自己的朋友圈里注水，会稀释自己的人脉圈。

还有一种情况是，朋友之间互相介绍。例如，有一位朋友介绍笔者认识一个人，可是笔者和这个人并不熟悉，交换联系方式以后也没有多少互动。等笔者再次联系对方时，已经想不起上次联系是在何年何月了。这样的人脉关系是没有价值的。

所以，我们不要盲目地去和别人建立联系，因为人脉不是电话簿上的一串名字和电话，而是有价值的、真实的关系。我们不要随意地稀释自己的朋友圈，要让每段人际关系都有价值。

8.4.3　永远不要害怕请教和提问

千万不要害怕向别人请教或提问，我们能得到的最差的回应就是拒绝。所以，我们不应该害怕提问，也不要把别人的拒绝放在心上，因为对方有可能是真的很忙，他们的拒绝有时候并不能代表什么。

而且，向他人请教很容易获得对方的好感。不知道大家有没有这样的经验，你在社交媒体上拼命地给自己喜欢的"大V"留言，一个劲儿地夸奖对方，却没有得到回应。但当你向对方请教问题时，反而得到了回复。

这就是请教的力量，如果你想扩大自己的人脉圈，就必须学会请教他人。

8.4.4　别把自己局限于单一人脉圈

如果我们总是在单一的圈子里交际，就永远都无法扩大自己的人脉。相同的行业、共同的兴趣爱好、相近的地理位置很容易让我们产生舒适感，进而陷入单一的社交圈。

如果我们总是与同一个圈子的人交往，就会大大限制自己的人脉，也会让自己扩展人脉的能力逐渐退化。所以，我们要花时间在不同行业、不同领域打造人际关系。

跨行业建立人脉，可以提升我们人脉的价值，而且也能提升我们自己的价值。笔者有一个朋友，人脉非常广，认识不少各行各业的人。因此，总是有人找到他，希望他帮忙引荐或介绍，这位朋友用自己的人脉给他人提供价值，并且因此进一步扩大了自己的人脉圈。

8.4.5 永远支持他人

如果我们能经常对别人表示支持，无论支持的力度大小，对方都会心存感激。例如，我们有朋友正在创业，并且在朋友圈发布了新产品的信息，这时我们就可以主动帮他转发。又如，这位朋友正在找投资，我们可以主动问一问是否需要引荐投资人。

总之，当朋友有了好消息，我们要公开祝贺；有人有产品或文章要分享，我们就主动帮忙推广，这些举手之劳的小事，最能够体现我们对对方的支持。

每当笔者发表一篇文章时，笔者总是很感谢那些转发和阅读的人，因为笔者感受满了他们对笔者的支持。表达支持是传递善意的最佳方式，所以我们不要吝啬自己的支持。

8.4.6 不要期待任何回报

在帮助别人以后，不要期待任何回报。如果我们带着目的去帮助别人，并且想从中获得一些利益，那么我们注定会失望，而且这段人际关系也很难维持下去。

我们要抱着开放的心态去与别人建立人际关系，一时的得失并不能衡量一段关系的价值，我们要把目光放远一点。如果我们认为对方是一个好的朋友，与他建立关系是有价值的，那么我们就要尽量去帮助对方，不要去期待回报。

有时候，不期待回报反而会让我们获得更多。回顾笔者过去的人际交往经历，那些笔者帮助过的人，后来都以不同的形式回报过笔者，有的为笔者引荐朋友，有的给笔者宝贵的建议，有的在工作上给笔者帮助。所以，不求回报反而是一种最好的投资。

不过我们的时间和精力有限，不可能每一次都有求必应，我们应该根据自己的能力来帮助别人，必要时要懂得拒绝。

8.4.7　积极主动，连接他人

当我们的人脉变得很广时，我们将有很多机会去结识那些本来不会有交集的人。而我们会成为人际关系网络上的一个节点，连接着不同行业、不同领域的朋友。作为节点的我们，能够看到不同朋友的价值和这些朋友之间存在的巨大潜力。我们可以把投资人和创始人连接起来，把卖家与买家连接起来，把合伙人与合伙人连接起来。无论哪一种连接，都将创造出巨大的价值。

把人与人连接起来，把资源整合起来，这也是人脉的最大价值。人脉可以成为我们能力变现的最大助力，我们可以把志同道合的人聚集起来，无论是建立线上社群或线下人脉都可以，我们可以在其中起到"中介"的作用，帮助自己或他人整合资源，并建立一个有高价值的人脉。

最后，笔者有一句话要分享给大家："拥有最强大人脉的人是那些建立真正人际关系的人，因为这些关系是你可以依赖的。"我们要时刻提醒自己去甄别什么才是真正的人际关系，真正的人际关系应该是经常联系的、相互帮助的、彼此信任的关系。

能力变现需要的不仅仅是专业技能及核心竞争力，还需要变现的能力，更重要的是，需要一个强大的人脉。因为人脉意味着机会和渠道，拓展人脉就是拓展赚钱的路径，就是扩展更多的可能性。

参考文献

[1]文艺IT虎. 流量革命：IP社群电商构建与变现[M]. 北京：机械工业出版社，2019.

[2]陈菜根. 社群运营五十讲：移动互联网时代社群变现的方法、技巧与实践[M]. 北京：北京时代华文书局，2019.

[3]徐悦佳. 影响力变现：你不必讨好所有人[M]. 北京：北方文艺出版社，2019.

[4]杨飞. 玩赚抖音短视频：入门定位+内容创作+品牌营销+引流变现[M]. 北京：清华大学出版社，2019.

[5]乔·普利兹，孙庆磊. 兴趣变现：内容营销之父教你打造有"趣"的个人IP[M]. 北京：中国人民大学出版社，2018.

[6]袁荣俭. 知识付费：知识变现的商业逻辑与实操指南[M]. 北京：机械工业出版社，2019.